グローバル仕事術

海外37年から見えたもの

西 隼人
Nishi Hayato

文芸社

まえがき

海外へ目を向けることが、刻一刻と押し寄せる世界の極小化（グローバル化、交流や通商が地域を越えて、世界規模で関係が深まっていく）の時代にあって、少なくとも敬遠されるべきものではない、むしろ避けて通れないと言っても過言ではありません。

現役として**海外三七年、七カ国**において外資系・日系企業で身につけた、仕事の進め方はどうあるべきかを、具体的に文書化しました。また進めるに当たって人生の経験を、置かれた条件でどう生かしチャレンジ・解決したかをまとめた一冊です。

事を成すのに最も重要なことは**マネジメント**です。ことに幼少期に培（つちか）った潜在的マネジメントが、海外で働く際のヒントになりました。

決して順風満帆な時期ばかりではありませんでしたが、とても貴重な経験を得ました。他の分野の皆様でも海外という切り口においては全ての職種に参考になると思います。

これから海外へ行きたい方、行かれる方、送り出す方、すでに行っている方、世界を知り、そして外から日本を客観的に観て、**視野を広げ、知識から知恵を得て人生が豊かになる**手がかりとなれば嬉しい限りです。

私の赴任記録

ブラジル	一九七六〜一九八四
メキシコ	一九八四〜一九八六
北米／日本	一九八七〜一九九〇
シンガポール	一九九〇〜一九九三
マレーシア	一九九四〜一九九六
フランス	一九九六〜二〇〇四
ポーランド	二〇〇四〜二〇〇九
メキシコ	二〇〇九〜二〇一〇
ブラジル	二〇一〇〜二〇一六

目次

第1章

潜在的マネジメント

中学生の修学旅行で板付空港（福岡県）に寄りました。その時初めてアメリカ人を見て、その人にサインまでしてもらいました。長身で目が青く、ガムを噛みながら英語を喋っている、その情景を形にして持ち帰りたい一心だったのでしょう。

私は鹿児島の田舎で生まれて、それまで外国人を見たことがなく、ダグラス・マッカーサー（連合国軍最高司令官）が到着して間もなく生まれた一五歳の少年には異様に映りました。後々、これがきっかけで語学への興味を持ち、海外で三七年、仕事をする突破口になったような気がします。

ここで私の故郷の幼少期をふり返りながら、**潜在的マネジメント**が存在していたことを小さな具体例を挙げて述べてみます。それらは半世紀以上経(た)った今でも鮮明に覚えている四季折々の出来事ばかりです。

私の故郷は薩摩半島の最南端に位置する指宿（いぶすき）市の山川町という所です。海と山を見渡せる風光明媚な田舎で、地名の通り、山・川あり、海あり、湖ありの自然あふれる所です。また薩摩島津家、知覧特攻隊基地、桜島、砂蒸し温泉と尽きるところのない観光名所でもあります。

誰もが郷愁を心の拠（よ）り所とするように、私もそうした一人です。三七年の歳月を海外で過ごした今、改めて故郷の自然、人情味が思い出されます。ある人がこの界隈を雑誌に「東洋のナポリ」と紹介していたような記憶もあります。自満し得る故郷は、人生の中で煩わしさが生じた時、いつもリフレッシュしてくれました。

秋の山では甘い紫色のムベ（トキワアケビ。方言ではウンベ）や、アケビが豊富でした。村の同級生三人でヤブの生い茂った木々の中にムベの木を見つけ、ちょっと先が崖であっても無鉄砲に採ったものです。豊作のムベの木を、いくつもの場所に探しあて翌年からは三人でその場所に行って、仲良く分けたものです。戦後間もない頃、**共存共栄**といったものが身に付いていていました。

秋も深まった十五夜では、恒例の綱引きも楽しみで、田舎では大行事。日焼け顔の夏休みが終わって二学期が始まって間もなくやって来る新たな楽しみでした。豊作（葉タバコ生産が主流）や健康を祈願した催し物で、薩摩藩としての行事でもあったようです。今は国の重要無形民俗文化財に指定されています。

直径が三〇センチ以上、長さ三〇余メートルにも及ぶ綱を、男子の小学生・中学生・高校生・青年の面々が、分担に応じて綯い（な）あげるのです。その工程は、櫓組み式と言って、木にヤグラを組んでクズ（直径数センチもあるカズラ）を芯として吊るし、三方向に配置された三人が、回りながら「ジッター、ジッター、ヨサリンコシャン」の掛け声と共にワラ（藁）・カヤ（茅）を継ぎ足して綱に仕上げていく。小さな子供数人が綱綯いの中に入り芯になるクズを下方へ引っ張り、ワラ・カヤの締まり具合を確認しながら綯っていくのです。

低学年はカヤを採る作業を担う。学年ごとに採るカヤの束（たば）の数が決まっている（体力に応じて）、子供達は放課後、野山へ行き決められたカヤ束数のノルマを果たす。高学年は綱の芯となるクズ採りとその乾燥の役割を担う。青年達はヤグラを組んだり、作業場でそれぞれが収穫したカヤやクズの量・品質を管理し、綱完成までの総指揮官の役でした。こういったグループには**イジメなど皆無**でした。それどころか少々恐い先輩もいましたが、面倒見の良い人達ばかりでした。中でも青年部長には全責任があり、子供達の健康・勉学に支障をきたさないよう配慮されているのです。

そして夜になるとその綱で、区分けされたチーム別の綱引き合戦が行われます。ここで白ハチマキをした高校生の役割が際立っています。それはチーム以外の人が綱引き合戦に不正な加勢をしないように釣鐘（ハンドベル）を打ち鳴らし、綱の端から端まで（三〇余メートル）走り回りながら警戒することでした。

不正に加勢するような人がいたら、少々手荒いですが、釣鐘でこづくぐらいは許されていました。とりも直さず高校生達が催し物全体の**管理・監督**をしていたのです。

このイベントの進行には、確固たるマネジメント教育とかオリエンテーションなど一切ありません。それでも毎年品質の高いモノが出来上がるのです。

付け加えますと、これは薩摩藩時代に存在した「郷中(ごじゅう)教育」の伝統かもしれません。この「郷中教育」は先生がいるわけではなく、自主的に先輩が後輩を指導するもので、自治体で構成された小集団教育です。基本は質実剛健、私利私欲を持たない、ウソを言わない、弱い者イジメしない、などの掟（おきて）がありました。

自然なスタイルのマネジメント（組織を上手く指揮・管理する仕組み）が確立されていたのです。「**多くを語らずとも理解し、全うする**」以心伝心の所以（ゆえん）でしょう。

近ごろ、世界中から見直されている、**日本の確かな伝統継承**は今に始まったことではないと思います。歴史的な背景や古来日本人の持つＤＮＡがそうさせるのでしょう。

このようなモノづくりは海外では口に出して言わないと現地の人は理解しません。カンを働かすこともありません、というかカンそのものがないと思った方が妥当です。

こうした子供達のアクションは現在の教育観・倫理観では考えられないことです。さほど指示もされずに**自発的な行動**によって、効率良く作業を進められる体験ができたものです。プロセスに多少の回り道、あるいはミスがあっても再挑戦すれば果たせる。子供ながらにそんなことを学びました。

南国の冬はさほど寒くないが、それでも真冬の寝起きはつらい、登校する前は温かいサツマイモを頬張りながら、家の近くの十字路に集まって小さなボールを使ってサッカーを三〇分ほどして体を温めたものです。その内に、皆が寄り集まり集団登校するのが常でした（今は意識して集団にさせますが）。

正月になると母親の実家を訪問するのが習慣になっていました。しかも年に一度、新調してもらった丹前を着て下駄を履き、乗合のボンネットバスで行くのです。私にとってはそれが新年の訪れでした。

春休みには納屋に置きっ放しの古ぼけた自転車で、勝手に「単独旅行」などと言って、親元を離れて行動力（大袈裟？）を試すために、九州半横断（鹿児島、熊本から宮崎へ回る三〇〇キロメートル）へ出かけたものです。もちろん貧乏旅行で野宿という低コストのものでした。道中、多くの方々に親切にしていただきました。今なら警察に補導されかねません。

たしか親へ、この単独旅行に出る許しを得たような記憶はなく、ただ一言「行って来るね」と言って出かけました。

我々の先輩達（両親も含め）は戦中・戦後、必死の努力で家族を支えてきました。脇目も振らず家族を養い、その結果（功績）が間接的に日本を**経済大国**へ押し上げました。前述したような私のリスクだらけのアクションに対し、親は「気を配る暇」もなかったのか、「思う存分遊べよ」と配慮してくれたのか知る由（よし）もありません。

夏になると海での遊びが盛んでした。浦島太郎伝説のある観光名所から七〇〇メートル程離れた空洞のある小さい島まで泳いだものです。幼少の私には相当の距離に映りましたが。

そこまで行くには潮の流れが速い分を計算に入れて斜めの方向（直角三角形の斜辺）から泳ぎ始めたものです。夏休みは台風シーズンでいつも高波でしたが、水泳が得意な中学の先生、仲間二人でスリルを味わいながら泳ぎきりました。

その頃、海亀の産卵期でもあったので、初めてたくさんの卵を見ることもできました。人を寄せ付けないこの島ならではの、殻のトゲ張(ば)った（高波に生息する）サザエを腰に巻いた網いっぱいにして、持ち帰り両親へ自慢したものです。

またこの地域には火口湖が散在しています。九州最大の池田湖（イッシーで有名になった）やうなぎ池（一メートル余の大鰻を釣り上げたことが名の由来）があります。

このうなぎ池は明治維新のリーダー西郷隆盛が狩りをしながら、訪れた温泉秘境地としても有名です。今で言うならば温泉好きな西郷さんの別荘地だったのかもしれません。雨天の日は子供に学問を教えていたそうです。西郷さんが泊まった民家には未だに遺品が残っています。

この湖の直径は一キロ以上ありましたが、仲間と二人で横断に成功しました。当時は藻が足に絡まって、溺れるリスクがあるという噂で挑戦する者はいなかっただけに、快挙でした（自画自賛）。現在の躾(しつけ)・家庭教育では全くもって考えられないことです。

こうして今まで行ったことのない島へ行ったり、初めて池を横断したりと**挑戦**したことで、海亀の卵を見たり、サザエを獲ったり、泳げる自信などを得ました。

意外とこのような幼少期の経験はその後の要所要所で活かされていたような気がします。

当時は私の年代の人なら大なり小なりこのような経験をしたのではないでしょうか。別段、順序立って言い聞かせることはありませんが、きちんとしたマネジメントが出来上がっていたのです。


私なりに思い巡らすと、当時の青年や親達の愛（思いやり）は前述の西郷さんのよく使っていた言葉「敬天愛人」に帰するところがありそうな気がします。

清濁併せ呑む度量の大きな、西郷さんが到達したこのような理念は、西郷さんが生まれた文政以前から特にこの地域で醸成され、現代に至っているのではないでしょうか。

地理的にも最南端の薩摩藩で、しかも外様大名が、後に文明開化への改革リーダーの主役を演じたこととも深い因果関係があるような気がします。

とりわけ今から六〇年前の幼少期には物質的には貧困でしたが、**精神的にはとても豊か**でした。

しかし田舎では全てが貧しい訳ではなく、食べる物には恵まれていました。いつも新鮮な魚、庭の野菜、放し飼いの鶏、卵など栄養満点でした。今の私の健康があるのはそのお蔭だと思っています。

我々の親や団塊世代は、世界にも例を見ない戦後復興を遂げ、数々の偉業を数十年のスピードで成し遂げてきました。国民性に加え教育の普及により、無から有を産み、新たな時代を創（つく）ったのです。

復興に尽力した方々も高齢になりました。平均寿命は延びても健康寿命が追いつきません。二〇二五年問題、年金記録の漏れ、高齢者ケアなど問題山積です。きちんと面倒が見られる社会にしていかなければなりません。

第2章
見識の養成

自覚とビジョン

戦後の復興の出発点は概して言うと、戦略的には工業立国、戦術的には加工貿易だと考えます。逆に日本が成し得る道はこれしかなかったと言っていいでしょう。その原点は資源不足を教育の高さと内・外需への展開力で補った「**良質のモノづくり**」でした。

私の高校時代一九六〇年代はまさにモノづくり（自動車、電気製品）が脚光を浴びる高度成長の時代で、私もご多分に洩れず、この趨勢(すうせい)に吸い込まれるように高校の工業科に進むことになりました。

それまで製品を見て、どのようにして造られるか考えたこともありませんでしたが、作業工程が一つずつ進むにつれて完成していくモノづくりの基礎を学んだのです。

私は新設学科の二期生ということもあり、設備は真新しいものばかりで、当時の工業立国の担(にな)い手の育成、特に県立高校の教育拡充予算枠取りの熱気が窺(うかが)えました。

私が特に興味を持ったのは鋳造(ちゅうぞう)工程設備でした。鉄を炉で溶かし砂型に湯(ゆ)を注ぎ、製品を造る設備です。

学んでいるうちに、設計（加工や組立て）に興味を持つようになり、卒業後は精密部品製造企業へ就職しました。実際に設計し図面を描いたものが次々と加工され、組立てられ製品になっていく。学んだことが実践され、「**百聞は一見にしかず**」とはこのことでした。

少し専門的になりますが、「モノづくり工程」（直接部門）の概略は次のようです。

顧客問い合わせ↓技術部検討↓見積り↓値決め↓設計↓製作↓試作↓不具合対策↓量産試作↓顧客承認↓量産↓販売↓顧客クレーム対策（市場での不良）↓品質向上施策が一巡となります。もちろん顧客注文をいただく前に顧客へ何度も足を運び、売買関係を構築しておくことが条件です。これ以前に内部でビジネス・モデルになり得るか否かの検討があるわけです。

それからモノづくり工程を支える「準備工程」（間接部門）として材料購入、試作ります。

手番、品質管理、生産計画、販売計画があり、これに携わる間接部門の人が必要となります。

重要であるコストについては、これら一連の工程を直接部門と間接部門とに分類し、材料費・人件費・経費を合計して、原価を算出します。売値からその原価合計を差し引いて利益が成立するものでなければなりません。その利益の一部を製品のR＆D（開発費など）へ留保していきます。これが**企業の健全な形**となります。株式上場するには社会的責任も含め、株主への還元が必要になるので利益創出の条件は厳しくなります。

仕事を覚え、職務も果たせるようになりました。次なる目標として**専門性の幅を広げる**ために大学へ進学することにしました。将来、海外で仕事するにおいてやはり知識、見識を広め自己研鑽を重ねることが必要と考えたからでした。

しかしこれは私にとって大きな挑戦でした。と言うのは私は工業高校卒でハンディがありました。大学入試のための進学コース（普通科）を専攻していません。その違いは、例えば数学ⅡAとⅡB、化学AとB……というアンバイでした。これをやり直す必要があり、私個人の時間も限られており休日返上、仕事終了後からの予備校通いなどに忙殺されました。努力の甲斐あり工学部へパスしました。

ある意味、この新たな目標自体、回り道でもありました。しかし高校での基礎的な工業学習が、大学の授業を理解するのに役立ったことは言うまでもありません。こうして「海外で仕事を通じ視野を広め心身ともに豊かになる」という私のビジョンに向かい始めました。

時節到来

大学では高校と異なって毎日のカリキュラムが時限単位で詰まっているわけではなく、時間にフレキシビリティがあります。授業の他に**時間を有効に**使えることから、できるだけ多くの**公共・民間の資格**を取得することにしました。私の分野における資格を、スタディしてみたところ、受験資格に「実務経験を有すること」という条件がありましたが、一度、就職した実務経験をフルに活かせたのです。

それぞれの学部や専攻分野においても、それに関連する資格があるはずですので、挑戦してみては如何でしょうか。

以下が、私の分野においいて取っておいた方が良いと判断し取得した資格です。

教職員免許、機械製図、ボイラー実技、冷凍機、ガス溶接、危険物取扱い、計算尺、英検――当時はこれらの資格が将来、どこで役立つかは未知でした。

特に興味を持ったのが計算尺です。アナログ計算用具ですが、そのロジックが好きでした。竹製の三〇センチ弱の二枚の固定された間を、長方形のカーソルを左右に滑らせ計算するものです。機能としては乗除、三角関数、対数、平方・立方根が求められます。大雑把な計算にはモッテコイの計算用具です。

アナログですので特徴は瞬時に相関が把握できることです。今は多くの機種の計算機器が出回っているので使用頻度は少ないようです。因みに一〇問を一〇分で解答し八〇点以上が合格という基準でした。

取得した資格は後々、商談上で話が通じやすかったり、理解を早めたり、実務では工程設計、コスト試算などに応用したりで、とても役立ちました。語学については英語から始め、その後はラテン系の言語も視野に入れました。要は**置かれた環境・条件の中で果敢にチャレンジ**することです。

大学での学問は工業高校時代の基礎部分が、より専門的な教科に枝分かれし、学問が深くなっていくものでした。教職課程を取ることにより、専門外の学問をすることの大切さを知りました。就職活動に当たっては、いつも海外で働くことを念頭におき、外国の国民性、日本との企業風土の違い、海外での働き方、人々の考え方、外から日本を見る、現場語学などを視野に入れました。とにかく見聞のみでなく実務を経験したかったのです。

海外就職実現のためには、日本で専門分野の経験をさらに積まなければなりません。結果的には資格取得も専門性の幅を広げる布石となりました。

外国で働くということは現地の人より、まずは幅広い専門知識・技術情報に長けていなければなりません。本社からの赴任者は**専門分野だけをこなせば良いというものではありません**。間違いなく人事・総務・経理・行政交渉なども関与せざるを得ません。すなわち守備範囲を広げなくてはなりません。現地の人から見ると、会社代表として赴任しているので、専門以外の分野であっても即時の決断を迫られるのです。

何はさておき、並行して重要なことは健康に留意し**強靭な身体**であることです。病気にかかると肉体・精神面ともに消極的になりますので健康は海外云々でなく、日常的に大切なことです。私は文武両道にこだわりがあるので後述します。

海外で仕事する形としては、大きく分けて三通りに分類されます。

①自分で開拓するか、②ある団体から出向するか、③海外から招聘（しょうへい）されるかです。企業・政府・学校・各種団体などあらゆるケースが含まれます。いずれにしても①②③によりビザ取得に要する時間は異なります。

大学卒業後、日本で就職し設計業務の経験を積むことになります。この期間は海外就職のための実績作りです。前述しましたように海外で働く目的は、「企業風土、国民性、働き方、日本を客観視するなどを通して価値観を見いだす。それが少しでも人生を豊かにすることになれば」という思いでした。

ところが自分の思うように、そんなにたやすく海外赴任できる訳ではありません。かと言って時期が来るまでジーッと待つ訳にも行きません。適切な渡航時期の判断をしなければなりません。

従って働いている期間中に、技術者を受け入れてくれる国々を探し始めました。いくつかの国がある中、ブラジルを提案してくれた機関があり、職務経歴や渡航条件を整え、就労ビザの申請をし、外資系で働くことを最優先にしました。こうして日本で四年の職歴を積み、半年間のポルトガル語研修を行い、①のケースでブラジル労働ビザを取得し、二八歳にして海外就職するために成田を発(た)ちました。

決して用意周到であった訳ではありませんが、満足のいく準備に、そう時間を費やす訳にもいきませんでした。不十分な点は独学か経験を通して**自己啓発**に努めていくことにしました。

第3章　アクションは知恵の蓄積

この章では各国での仕事内容、その進め方、問題発生への対策、またそれぞれの国民性、地域性に触れていきます。

南米編

ブラジル

こうして南米ブラジルのサンパウロにある、精密機械系の会社で仕事を開始しました。

この国では正式に就職すると、公的に労働手帳なる冊子が授与されます。全ての仕事履歴、職位、報酬や昇級を始め年金番号も登録されますので、年金、退職金もこの手帳が基本になります。この手帳を貰った時は、就職した実感にワクワクして見入ったものです。

仕事としては本国（外国）オリジナル製品を、ブラジル向けに設計変更する仕事でした。そして必要に応じて国内向けの現地開発が開始されます。当時の外資系企業のエンジニアリング部門は、ほとんどがこのような形態でした。国内向けとはブラジルの自然環境（条件）に合う仕様（材料・材質、耐熱性、使い勝手など）に設計変更し、耐久テストをパスさせるのです。その後、新図面を起こし全く別の製品に生まれ変わります。

この生まれ変わった製品がオリジナル製品より品質・価格面で勝っていることが条件です。少なくとも**浅く広い知識**が要求されます。――材料知識、コスト計算、工程設計、販路。

職場にはヨーロッパからの移民の子弟が多く、とにかく人の名前を呼ぶより、国の名前を呼んだ方が早いほど人種の坩堝（るつぼ）でした。とりわけ私はジャポネスと呼ばれました。欧州系に比較し日系移民はまだ歴史（当時は約七〇年）が浅く、せいぜい二世留まりでした。

仕事を始めたものの、日本でポルトガル語学研修を受けて来たのに全く通じません。

早速、現地の小学校へ入学し、言葉の猛特訓を一年ほど続け、仕事に支障のない会話はできるようになりました。この小学校というのは、若い時代に諸々の事情があって勉強の機会を逸したブラジル人の大人達と、現役小学生との混合クラスです。政府も識字率を上げるために、このようなクラスを、あちこちに設立しているのです。このクラスに日本人は私一人だったので、ポルトガル語は思いのほか上達しました。

五〇〇年弱前に、鹿児島の種子島にポルトガル人が漂着してから、宣教師が度々来るようになり日本語化したポルトガル語が多くあることに気づきました。カルタ、ボーロ、パン、カップ、ボタン、タバコ、カッパ……。中南米で唯一ブラジルだけがポルトガル語圏で、他の国はスペイン語です。

「赴任した国の言語はできる限り覚える」をモットーとしました。語学の件は後述しますが、ラテン系言語は一つ学習すると派生的に他の言語も覚えられるということを聞いていたので取り敢えず真剣にやりました。

技術者に限らずブラジルでは、ジョブホッピング（転職）は当り前のこと。応募する度にサラリーアップを要求するのが常です。サラリーアップ目的で職種を変えてまで転職するケースもあります。やむを得ない場合を除いて、同じ分野の職種で変わって欲しいというのが私の意見です。その方が効率よく仕事が身に付けられるし、スペシャリストに近づけます。**専攻した学問を活かせる仕事を継続する**ことは知識の蓄積につながりやすいと考えます。

当時、技術者不足のこの国は、外国からの技術者受け入れに寛大でしたので、外国（欧州がメイン）から来た人達も少なくなく、とりわけこういう人達と親しくなっていきました。

ある日、新聞広告に大手自動車メーカーの機械技師の募集が目に留まりました。以前から私の希望である自動車分野の設計でもあり、言葉もほぼ覚えた頃で渡りに船と応募することに。応募したものの果たして自分が相応の力を発揮できるか、不安でしたが試験日時の知らせが届きました。

私はサラリーアップを要求しませんでしたが、募集職域がエンジニアのランクの仕事であり、自動的にアップするというラッキーなものでした。数日後、入社試験が行われ、まず学科試験では三角関数を基本にした実寸を求める問題、立体画を投影図法（一角法／三角法）の規格に沿って製図する問題と理論的なものが二、三問でした。ここで以前、日本で取得した製図の**資格が大いに役立**ったものです。

数日後に筆記合格の連絡を受け、次に健康診断も合格となり、難なく内定通知が届きました。**到来する好機は少々ハードルが高くても挑戦する**ものだと痛感しました。

勤務の初日を迎え、車両設計部門の燃料器系統への配属。当時はやっと製図のコンピュータライズ化が着手され始めた頃で、まだ原寸大で作図していた頃です。技師とか設計者と言われる人達は白衣を着てカッコ良かったことを覚えています。私もその白衣を貰い受け次の日から仕事です。

原寸大の図面なので、長方形の長い製図板にゴロゴロ横たわって仕事をします。驚いたことに、技術部門の上層部は日系二世で占められており、一世でブラジルへ渡った親御さんたちの熱心な教育振りが窺われました。一世の方々は、この国に到着し各地方へ赴きましたが、契約条件が全く守られず、想像を絶する苦労を強いられた人もいたようです。でも子弟の教育だけはしっかりと行った訳です。

この社会は日本のように、学校を卒業すると同時に入社するような慣習はありません。新入社員に対しオリエンテーションや実習のようなプログラムも一切なく、卒業してから、そこの会社へ入社志望するなら、学生の間にインターンシップや助手として従事し、企業との関係を維持し機会を待つのです。

階級社会ですので、職のタイトル（労働手帳へ記載する）も細分化されています。この部署のタイトルを下の方から示すと御用聞き、助手、研修生、製図者、設計者、スーパーバイザー、エンジニア、部長といった具合です。ただし大卒は製図職あたりからスタートします。

新人へ教育費用を掛けることはせず、キャリアを持つ人材への報酬を優先します（ブラジルに限ったことではないが）。何とも合理的な方法です。キャリアのある者だけを、必要な職種に応じて必要人数分だけ採用する。従って翌日からバンバン仕事をしてもらうのも頷けます。

ブラジルは一九七〇年代半ばからガソリンに代って、サトウキビを発酵したバイオエタノールを燃料とする国家プロジェクトが創設され、無公害（CO_2排出ゼロ）燃料で脚光を浴び、今や純粋なガソリン車は存在せず、このエタノール二〇％配合から一〇〇％使用車が走っています。

折しも私は燃料器系統の職場に配属されたので、時代の流れに沿った仕事が舞い込むことになりラッキーでした。後になり、メイドインブラジルの新車プロジェクトも企画され、私も燃料器系統の分野で参加でき温暖化対策の一端を担えました。

自動車部品加工などのハード面においては、まだ現地（外部産業）の裾野の産業技術は高くなかったので、膨大な社内投資によって行われていました。しかし人事面においてはブラジル人技術者は企業の本国で数年単位で研修・実践を積んだ人々が多くいたので、本国からの出向者がいなくても、ほぼ自前（国内）で賄われていました。部品は内部で加工するにしても素材の現地化がとても進んでいたということです。人材は現地で調達する必要があり、従って**材料の知識**が必要になります。

転職しようが、しまいが、向上心を持って**いつどこで働いても通用する**（同じ分野の範疇で）レベルを日頃、構築しておく必要があります（企業が破綻する場合もあります）。

話は変わりますが、日本の本部から出向している場合は、担当以外の自社製品の展開に注目するのも大切です。この国にマッチするものはないか、需要はないかと常にアンテナを張り巡らせ、可能性があれば企画書を作成して上申することを薦めます。巨大企業であれば事業部門同士で社内摩擦（事業干渉）にも発展しますが、きっと企業全体として見ると貢献するはずです。せっかくその環境にいるのですから**本社からの指示・命令はなくても積極的にそれらを発掘**すべきと考えます。

また商圏獲得の手法として、すでにグローバル企業であれば、同企業の他国からの働きかけや、実績をアピールすると展開がしやすくなります。最近は売手も買手も製品の**グローバル・スタンダード化を推進**（世界中で同じ仕様の製品を採用）し、メリットを出そうという傾向にありますので効果的です。

その場合、特に中南米諸国においては**カントリーリスク**いわゆる**政変**、**インフレーション**、**金利**、**為替**、**税制**（総称してブラジルコストと呼ばれている）などの要因が利益に大きな影響を与えるので包括的に検討することです。

南米にはいくつかの経済共同体がありますが、その中でもメルコスール（南米南部共同市場）という共同体が活発に活動しています。それは南米五カ国（ブラジル、アルゼンチン、ウルグアイ、パラグアイ、のちにベネズエラ）による共同市場（三億人市場）で一九九一年に設立されました。

このメルコスールとメキシコは**自由貿易協定**を締結しています。この協定を適用できれば当該両国で輸入税が免除されます。必要条件の中で最大の課題は現地調達率六〇％以上が義務付け（後述）られていることです。

従ってブラジル側とメキシコ側とで入念な精査が必要です。特に輸出側の調達率の計算が重要になります（後述）。輸入を抑制しオペレーションしている国で現地調達を促進して付加価値を落としなさいということです。現地調達率はいろいろ計算方式が国によって定められていますが、一般的に「全材料費のなかの六〇％が現地部品である」ということです。

二国間プロジェクトを完遂するには、**自ら両国に出張・赴任を要請して最後までやり通すこと**です。

自動車メーカーへのＯＥＭ（オリジナル・エクイップメント・マニュファクチャリング：委託者のブランドで製品を造る）納入プロジェクトを手掛ける際、ＯＥＭ企業へ幾度となく出張して最終段階では購買側重役との商談・契約という運びになります。契約のポイントは販売価格の他にその国の**カントリーリスク**（商圏の消滅に至る危険性）**が中期的に網羅**されているか否かです。商談の過程で譲るべき点と、そうでない点を明確にしておく必要があります。これが曖昧なままだと多大な損害を被ることにもなります。これを回避するためには契約書に明文化することです。

ブラジルの多国籍企業の大手では、会社の敷地も広く、社内での移動（他の部門や社内食堂へ）は社内巡回バスを使っていくほどです。

少し国民性に触れてみましょう。

日本の本社が全海外フロントへ、例えば5S（整理・整頓、清掃、清潔、躾）、品質改善、生産性改善などを同時展開する場合があります。それぞれの国における慣習、文化、宗教など様々な点を日本の一つの物差しで測ることは不可能です。例えば「自分で決め自発的に行動する」のような基本方針をそのまま浸透させようとすると、自分勝手な理解をして個別の動きをする場合が往々にしてあります。

暗黙の了解、阿吽（あうん）の呼吸のような空気はどこにも流れていませんので配慮することです。従って本社の意図する成果を挙げるには**プロセス・手段を変える必要**が出てきます。

人種の坩堝と言われるこの国にはポルトガル、スペイン、イタリアなど欧州からの移民が多いことは述べました。とりわけ日系人は当時約一二〇万人と言われていました。二世までは日本の文化、習慣、考え方を持っていますが、それ以上の世代になれば当然のことながら希薄になっていきます。

カーニバルでも見られるように基本的に底知れぬ明るさがあり、また楽しみ方を知っている国民です。我々も大いに見習うべき点です。一カ月の休暇が義務づけられており、消化しきれない場合は残日分を金額精算することもできます。

休暇が近づくといつも「何処に旅行に行くの？」が口ぐせになっているぐらい休暇を楽しみます。休暇には風光明媚なリオやイグアスの滝（世界最大規模）に出かけましたが、何でもスケールが大きいのに驚きます。

サッカー好きな国民でもあります。仕事仲間でも、ひいきチームを持たないと会話には入れないぐらい熱があり、私もパルメイラスというチームをひいきすることにしました。社外では仕事の話など一切しません。砂糖をいっぱい入れたコーヒーかサトウキビを原料とする酒ピンガを飲み、焼いた肉の塊（直径三〇センチほど）を食べながらサッカーチームや選手の話で持ちきりです。

ある日、次のような面白い出来事もありました。あるプロジェクトの機能部品を数日かけて設計・製図しました。私が席をはずしている間、その図面の上に真っ黒いインクに似せた黒い紙片とインク瓶を一緒に置いて、あたかも図面の上にインクをこぼしたかのように置いてあるのです。それを見た私はてっきり誰かが、図面にインクをこぼしたのかと錯覚しました。

それがとても巧妙に出来ておりました。まあ何とユーモラスなことか！　遊び心を持つことも必要なようです。こうやって結構、私もユーモアを交えた会話や、余裕をもった話し方が身に付いたような気がします。現地で働かせてもらっているからこそ得るものが多くありました。

日本人は責任感のある民族ですが、ブラジルの人は「また明日があるさ」で片づけてしまうことが多々あります。責任感と「今日やる」ことは異質なものと理解をしているようです。というか「私の責任ではない」という視点から全てがスタートします。

ホテル滞在中に背広をクリーニングへ出したところ一週間経っても、仕上がって来ないので受付に聞いたところ「ああ、それはまだここにあるよ、どうします？　クリーニングします？　君の背広を受け取った人は私ではなく早番の人だから、私は知らない」ということです。ほぼ全てがこんな感じです。

約束した時間の厳守はあり得ません（道路渋滞もありますが）ので、日本的な約束と思わない方がいいのです。渋滞は近年ますますひどい状態にあり、通常二〇分で行くところ金曜日の雨の日などは三時間費やすこともあります（車両供給量と規制・インフラとのミスマッチ）。そして何をするにもノンビリ、しかも追及しません。クリーニングの件もよく考えるとどっちが正しいのか議論の余地はあります。**複眼的に視る必要**がありそうです。

日本人は公共の場を使用させてもらった後に、「自主的（ボランティア）に掃除する」ことがあります。でも現地の人は、それは「掃除担当の仕事を奪う」ことだと言います。これも一概に事の正否を判定するのは難しいのです。親切心で掃除することと、失業を引き起こすこととは異質な比較になるからです。**国によって考え方の違いは歴然**です。

会話の中で例えば「エンピツを落とした」ではなく「エンピツが落ちた」とそんなニュアンスの言い方もします。

もう一つ言うと、ラテン系の言語は主語によって動詞が変化するのです。だから主語を付けなくても人称、あるいは誰が主体かが分かります。そうすることによって誰が主体なのかが鮮明になります。責任を曖昧にさせないということの表れでしょう。いずれにしても言語と国民性には関連がありそうです。

日本のやり方がベストという考え方を持っていると、身が持ちません。

手厚い労働法規もあります。**採用・就労においては細心の注意**を払うことが必要です。給料は年に最低でも一三カ月分、減給禁止、ベースアップ、インフレ調整、休暇は年に一カ月の義務等々の規定があります。

＊ブラジルは、あまり計画に固執しないので進捗に問題はあるが、要の部分では帳尻を合わせることには長けている。落とし所を弁(わきま)えている、ただその分仕上がりが悪くコスト高は免れない。

＊マンネリ化したブラジル・コスト（為替、インフレ、流通コスト、インフラ未整備、複雑税制）と言われる部分のカバー、特に財務管理強化が求められる。

中南米・北米編

外資系で働いていたある年に、家族で日本旅行をした時のことでした。一九七六年以来の急激な円高は留まるところを知らず、日本企業は円高対応に追われ四苦八苦していました。この日本旅行は、想像だにしないサプライズをもたらしてくれたのです。またしても運良く、雑誌で海外要員の人材募集が目に留まりました。早速、絶好のタイミングと捉えて応募し、めでたく採用されました。今までの経験をフルに日系企業で発揮しようと果断に決心しました。

こうして労働ビザは前述の②のケースのように各国で取得していき、メキシコが最初の舞台になります。

メキシコ

一九八五年プラザ合意（先進五カ国による為替レート安定化の会議）がなされました。

その後円高はますます進み、製造業は海外投資ラッシュへ向かった年です。私はこのラッシュに相乗りした形で海外での仕事が延々と続きました。

海外からメキシコへ完成品輸入をすると高税率で、かと言って物理的に急に生産開始はできないので、まずはＳＫＤ（セミ・ノックダウン）という小組立した部品を輸入し、それと現地部品も併せて使って組立てる方式が投資リスクも少なく効果がありますます。それによって現地調達比率がどの程度になるか（比率が高いほど為替影響を受けない）を見極め、減税と販売促進の可能性を模索するのも一つの方法です。

メキシコはアメリカのハブ（中枢）工場への部品・原材料の供給基地である場合が多いので、その**両国の関係を視野に**入れプロジェクトを企画することです。

当時はまだＮＡＦＴＡ（カナダ・アメリカ・メキシコ自由貿易協定）は存在せず、マキラドーラ（一九六五年制定）という制度がありました。この制度はアメリカとメキシコの国境沿いに、外国資本の誘致をするものです。アメリカへ輸出することを条件に、設備・部品・原料の輸入関税が免除となる制度で、工場そのものが保税倉庫扱いになります。メキシコ側は、安い人件費をテコに、雇用促進、国産化率向上、貿易収支改善などを狙いとします。

この制度のキーは、技術移転が計画通りに進むか否かにかかっています。技術移転が進まないと常にアメリカからの援助が必要となり、コスト高（品質、人件費、作り溜めのムダ）になること必至です。利益悪化を招くだけでなく中期的な投資計画もままならず、メキシコ人のモチベーション低下にもつながります。

従って主従関係の企業においてこの制度を適用する際は、双方のメリットをトコトン追求することが必要です。

このように二カ国における協定を適用する場合は必ず、**両国の当局**（工業省、輸出省）**に自ら足を運んで確認**しておく必要があります。それはアミーゴ（友達）作りと朝令暮改続きの法律の変更をアップデートするためです。

近い将来の**人件費高騰への対応**（人件費は必ず高騰する）として、人海戦術目的で導入したマニュアル設備は、必ず半オートメーション仕様にしておき、後々、人件費削減が可能な設計にしておく必要があります。またメンテナンス（修理）に時間を費やすようでは稼働率が低く、主従企業が共倒れになる危険性もあるので、良質な設備搬入がキーとなります。

このマキラドーラ制度はそもそも、アメリカがメキシコ人日雇い労働者の入国を禁止した結果、失業者が増加しアメリカへの密入国者が増えることを避けるために、打ち出された協定です。このように先進国と途上国が隣接している場合は、労働者が生活費を稼ぐために国を出入りする状況から、ついには経済的な協定へ変転するのが常のようです。

メキシコは総力を上げて地理的に北米・南米の中間に位置する「地の利」（地理的優位性）を活かそうとしています。後に（一九九四年）設立されたＮＡＦＴＡとメルコスール（南米五カ国）の両共同体の市場規模の合計では八億人にも達するのです。

戦略立案の時は**地域の市場規模**をいつも念頭に置いておく必要があります。

メキシコは世界でも有数のＦＴＡ（フリー・トレード・アグリーメント—自由貿易協

定）の先進国です。前述しましたが、この両国（メキシコとメルコスール諸国）間の関税免除の主な条件は現地調達率六〇％以上と義務付けられています。

現地調達率の計算方法が複雑で双方の理解が食い違う時もしばしばです。完全に現地調達したもの、あるいは輸入した部品は計算しやすいのですが、国外から素材を購入（輸入）し国内で加工する場合には工程別のコストを算出するので、非常に複雑になります。

現地調達率を上げるには社内で加工すれば手っ取り早いのですが、投資増になり投資回収にも影響が出ます（損益分岐点の管理要）。計算方法、情報も含め当局に何度も通い**最新情報に基づいて確認**していく必要があります。

メキシコはブラジルと同様、ノンビリした国で納期はあまり気にしません。約束しても、それはお話程度の意味合いになります。

決算時には必ず「棚卸し」を行う必要があります。倉庫に残っている数量を金額に換算し、在庫がどれぐらいかをチェックします。多く残っていると、当然売れていいない訳ですから損益に悪影響が出ます。

理想は台帳と実際の数が合致することですが、まず一般的にこれがピタリ合うことはありません。あまりにも差が大き過ぎる場合は棚卸しを決算時のみではなく、月単位で実施させることが必要です。棚卸しの重要性を把握させることです。

従って、棚卸しのみならず全ての仕事の規定、手順を文書化し、それをルールとして守っていく**ＩＳＯ（国際標準化機構）認証を早い内に取得**することです。

規定や手順なしで、特定の人に頼っていては、その人が退社・休暇の場合、お手上げになるばかりか、職場ローテーションもままならず目指す目標も達成できません。

ＩＳＯにはいくつもの規格がありますが、先ずは９００１（品質マネジメントシステム）認証から取得していく方がシステムを理解する観点から効果的です。近年は商売する上で、認証取得が義務付けられている場合がほとんどです。

ブラジルでのポルトガル語の知識があったので、メキシコでのスペイン語（七〇％程度類似）は早く覚えられました。でも最初の時期はポルトニョール（ポルトガル語とエスパニョール語のミックス）でした。

　家の前でメキシコの子供達と話していたら「日本から自動車に乗って来たのか、どのくらい時間がかかった？」と聞かれました。移動手段は全て自動車に依るものだと思っていたようです。

　休日ドライブをしていると、野ウサギ、ヤマアラシが縦横無尽に飛び跳ねています。猛毒を持つあのガラガラ蛇がトグロをまいているのに気づかず、ガラガラという音を聞いて慌てて逃げたこともありました。まるで自然動物園の気分です。標高一六〇〇メートルの荒地ではサボテンしか自生しない、回転草が舞い、埃（ほこり）の多い、西部劇さながらの荒野の町という感じでした。

　この地域は日本食も手に入らず、出張者が時々インスタントラーメンなどをみやげに持って来てくれました。珍品ですので大事に食品収納庫にしまっていたら虫が湧いてしまい、ガッカリもしましたが良き思い出です。

　当時はメキシコの水質が悪く日本から濾過（ろか）器を取り寄せたものです。それでも水が原因で下痢が止まらずほとんど会議に参加できない日もありました。

歯磨きに水ではなくコカコーラを使う出張者も現れました。**現地事情は直接、出張者が帰国後伝える**と非常に効果的です。

ある日アメリカへ出張すると、アメリカの友人が寿司バーへ連れて行ってくれ、何年振りかの日本食に涙が出るほどおいしかったことを覚えています。

その年はサッカーワールドカップがメキシコで開催され、アルゼンチンが優勝した年でした。

近くにポルトガルチームのキャンプ地があり、家族で練習を見に行くと、選手に子供達の頭を撫でてもらった記憶があります。外国での生活では機会あるごとに積極的に出かけたり、イヴェントに参加して**リフレッシュし、メリハリをつける**必要があります。

初めてメキシコ出張した時に、田舎のホテルでカメラ、財布の盗難に遭ったり、赴任者が洞窟の留置所に入れられ一晩出てこられなかったり、アルゼンチン、ブエノス・アイレス空港で次のフライトを確認中（一、二分の間に）にスーツケース丸ごと盗まれたこともありました。盗んだ人も良心がとがめたのかパスポートだけは郵便ポストへ投げ入れたらしく、無事手元に戻って来ました。お蔭で大使館で新規にパスポートを作成する日数が省けました。

まあヒヤヒヤな事件・出来事はたくさん体験しました。中南米ではこんなエピソードには事欠きません。相当に**警戒が必要**です。私は過信のあまりスキが多いタイプのようです。

治安は貧富の差が大きい所ほど悪い傾向にあります。メキシコでも貧富の差が著しく、富裕層宅には広い庭園、プール、小規模映画館、自動車数台といった具合です。でも車を運転して国境を越えアメリカへ渡ると、忽然と現れるそれはそれは別世界のもう一つの富裕層がいました。

メキシコ人が日本旅行中にバスの中で財布を落としガッカリしていたのですが、次の日にバス事務所に行ったら、「誰かが届けてくれていた」という話を嬉しそうにしてくれました。「大抵の日本人はこの件に限らず相手の身になって行動するよ」と言ってあげました。これは教育ではなくＤＮＡに帰するところが大きいようです。

工場のラインでモノづくりする時、**次工程に不良を流さない**というキャッチフレーズがありますが、結果的に**人に迷惑をかけない**のが原点なのです。

メキシコ人は国民性として５Ｓ／５Ｗ１Ｈ（５Ｓとは整理・整頓・清掃・清潔・躾、５Ｗ１Ｈとはいつ、誰が、どこで、何を、なぜ、どうやって）があまり得意ではありません。

全部門においてチェック機能、報告系統を設け、進捗を管理する業務を追加せざるを得ません。それぞれの国には独自の国民性があるので作業をする上での**短所を見出し、先手を打った解決策**を打ち出す必要があります。

アメリカ国境沿いですので、輸送はトラックになりますが、道路インフラが不十分で振動による品質の不具合も出ます。

またアメリカとの国境で頻繁に麻薬騒動（麻薬戦争）が発生するので、納期遅延も起こります。その周辺国ならではの**発生し得るリスクを全て網羅**し対策しておくことです。

＊メキシコは執拗な進捗管理をＰＤＣＡ（計画、実行、チェック、行動）に沿って行い、自ら現場密着の体制・組織を敷き、全員が見える形にすることが肝要。言うだけでは動かない。

＊進捗が計画通り行くように、自分から仕掛ける。

ＵＳＡ

輸入品を現地生産へ置き換えた場合、採算が合うかどうかはどの企業も抱える課題です。

アメリカに限ったことではなく、どの国も不況に喘（あえ）ぐ時は、コスト削減という観点から社内製造（内作）への切換えは歓迎すべき施策です。アメリカはインフラも整備されており、ハード面、外部からの部品調達は順調にいきますが、意外にもソフト面、内部的な問題でつまずくことがあります。資料が不足する、完璧さに欠け技術移転が思うように進まないなどです。

それは**未熟な英語での資料作成や、作業プロセスが現地スタッフと整合性がとれていない**などが原因です。日本人は一応、英語は使えると思い込むところに盲点が潜んでいるのです。ジャパニーズ・イングリッシュでは通じず、会議の内容もチンプンカンプンというのが主因です。他の言語の国では通訳を介しますが、英語圏では通訳を使わないことが多いからです。

会議の結論は曖昧にせず、**執拗に確認し議事録に記録する**ことで逐次共有していかなければなりません。外国語で会議する際、参加している日本人の言語レベルもまちまちです。必ず会議の理解度を何らかの方法で後でチェックすることです。

プロジェクトの現場のほとんどは、アジア系、中米系の移民で編成されていました。働いている皆さんはとても利口で、一度説明するとよく理解できます。中には改善提案をする人まで現れます。

後で聞いた話ですが、数ある応募者の中から厳選された、経験と応用力のある人達ばかりだったようです。アメリカン・ドリームを抱く逞しい人ばかりです。

当時は大統領がレーガンからブッシュ（父の方）へ移行する時期でした。レーガノミクス経済政策が振るわず、またブラックマンデー（一九八七年一〇月一九日、月曜日）においても世界規模で株の暴落となり不況の前兆でした。にもかかわらず、メキシコからこの国に移動した私にとって、アメリカという国の印象はダイナミックで、溢（あふ）れかえるモノの多さ、脈動感の感じられる大国でした。

インフラ整備は徹底され、道路も広く、高速道路が張り巡らされています。住宅も日本のそれとは比較にならないほど文化的。投資の抑制（ケチる）に慣れていた私にとって、全ての建物が御殿のように見え驚愕（きょうがく）しました。

決してアメリカでのモノづくりが有利な訳ではないのですが、やはり為替変動に一喜一憂しない体制、顧客密着生産、衛星工場支援、設立済み工場の拡大・縮小といった観点から、まずはアメリカに大拠点を設立している企業も多くあります。いわゆるパンアメリカを統括する位置づけです。

＊アメリカでは謝る文化がなく、勝ち負けを優先する傾向があるので、懸案事項を曖昧にせず責任・担当区分（組織）を明確にし文書化しておく。

＊作業手順などの資料作成の段階からアメリカのスタッフと協業すること。技術移転はスーパーバイザー（係長）に教え、彼（彼女）からオペーレーターへ伝授した方がうまくいく。

アジア編

シンガポール

北米に見られたように、為替差損回避、政府要請による現地生産化の波はアジア諸国にも及びました。

「単純な組立作業だけではなく、技術移転して付加価値を生んでくれ」と誰もが考える自然な流れです。

私がいた時期は、現在のシンガポールを大きく成長させた、リー・クアンユー首相（三一年間在任）の任期の最後の年でした。彼は日本軍の過酷な扱いを受けながらも、自国の繁栄のため日本企業の進出には寛容でした。

インド洋と太平洋を結ぶマラッカ海峡の「地の利」を活かした国策が功を奏しています。世界有数の海上輸送の要衝であり、コンテナ扱い量は世界トップクラスです。行政もインフラのさらなる改善として港湾業務の効率化をアピールしており、シンガポール港から工場まで半日ほどで部品・設備が到着し、**生産計画や在庫管理**がとてもしやすく間接費が安く抑えられます。このようなスピーディーな処理能力がある国は見たことがありません。

シンガポールをアジアのハブ（中枢）拠点国と位置付けている企業も多いのです。そして近隣諸国にある衛星工場を管理し、スルー（全社を通じた）としての採算性を見ています。従って同一企業の担当者が周辺国で独自に商圏獲得する社内戦ではなく、グローバル・プロフィット（総合利益）という観点を重視しています。

熱帯雨林気候のため一年中、高温・高湿（三〇度／八〇％強）。従って**高温多湿を嫌う部品**の隔離も必要になり、エアコンの効いた部屋に保管する手間がかかる煩わしさもあります。

空調は省エネも気にせず、あらゆる建物でエアコンを効かせ冷蔵庫の中にいるようで、体温調整に配慮する必要があります。何故そんなに冷やすのかと聞くと「エアコンは冷やすもの」と言った人がいました。何でも徹底的にやる国だから頷けますが、寒過ぎます。

私が**部品の調達をいつも題材に取り上げる**理由は、機械部品は、総コストに占める材料費の割合が六〇～七〇％と高率だからです。当然ながら高率の科目へ注目してコストダウン活動をした方がメリットは大きいのです。
当時は中国を含め、近隣諸国（マレーシア、インドネシア、台湾）に素材あるいは完成品の調達に奔走しましたが、「安かろう悪かろう」の製品が多く、要求する品質のモノはほとんど得られませんでした。

現地調達する際のコスト比較ですが、日本本社から輸送されるＣＫＤ（コンプリート・ノックダウン）部品と現地調達部品とのシンプルな比較ではなく、ＣＫＤ部品のスルー利益（全社を通じた利益）と現地調達部品のコストを比較することです。それが**真のメリット**になるからです――現地調達することで、日本の利益が減るので、それを上回る現地部品のコストメリットがある場合のみ、進めることになります。

ところが現地スタッフは日本からのＣＫＤ部品到着価格との対比をしがちなので、スルーでどうなるかの**試算を懇切丁寧**に示して調達作業を協業することです。

人件費高騰は近い将来必ずやってきます。衛星工場への移設や総資源の活用も含め俯瞰(ふかん)することです。

シンガポールは世界でも代表的な都市国家であり、アジアの経済中心地です。このような小国家（七二〇平方キロメートル）が国家運営（維持・存続）をしていくためには、多くのメリットを維持していくうえで法律も厳しくし、管理することになります

（ポイ捨てや唾を吐いても罰金、ガム所持も持込みも禁止などなど）。

近隣諸国からの出稼ぎも多く、これが経済の支えになっていて、特にインドネシア、フィリピンからのメードさん達もその一助となっています。休日になると、オーチャード通り（メインストリート）の道沿いに座って、自国語でワイワイ喋っているのが印象的です。

韓国と同様にシンガポールも教育熱心で学歴社会でもあります。女性の社会進出も旺盛でありメードさんの存在も一役買っています。

第二次世界大戦中、日本の占領下に置かれていたこともあって、社内では何の蟠り（わだかま）もありませんが、やはり外に出ると複雑な思惑があります。特に戦争博物館に入ると身が引き締まるというか肩身の狭い思いがします。

他方、先の大戦は英国・オランダの植民地であった国を日本軍が解放してくれたとする見方もあり、対日的にはバランスはとれていたと思います。

従って経済活動においてはウィン・ウィン（win, win）の関係にあり仕事はしやすかったと思います。

シンガポールは多宗教・多民族であり生活様式も多様です。言語は英語、中国語、タミル語、マレー語などが使われています。

特に宗教上では食事の戒律があり、タブーな食べ物があり、社内レストランでは宗教に対応した食事を数種、準備することになります。中華、イスラム、仏教、ベジタリアン……といった具合に。

週末はマレーシアまで（国境まで約二〇キロ）ドライブしてグルメ探訪に出かけられます。それほど近い所に外国があるという訳です。

イスラム教は一日五回メッカの方を向いてお祈りするので礼拝所を確保したり、それを加味した生産計画をすることになります。特に赴任者はアジア域の**マナーや日本との歴史的背景**を心得ておくことが重要です。

＊シンガポールでは団体生活を重んじながらも、自己主張は強いので、日本のやり方

が全てということは避け、手の内をオープンにして物事を進める。

マレーシア

ハブ（中枢）拠点のシンガポールでフィジビリティスタディ（実行可能性調査）をしてマレーシアや他の周辺国で具現化するケースもよくあります。

小型投資でしかもグリーンフィールド（土地取得からの投資形態）からの設立では、投資抑制を図るために知恵が必要になります。一案として投資家を探し工場を建設してもらい、**リース契約**で生産開始するのも一策です。もちろん自前で建設した場合の、資金調達コストと減価償却費を合算したコストと比較をする必要があります。

ただ建築においては当方の要求を多く反映するほど建築コスト（リース経費）は高くなり、反映しないと後で高い追加コストとなりますので、このあたりの**損益分岐点をしっかり把握**しておくことです。

商圏契約はあっても永続性の保証はないので**設備は専用機ではなく互換性**（他の製品も製造できる）の利く設備にする必要もあります。

小さく生んで大きく育て、投資回収を早めることも必要になってくる訳です。生産やビジネスが軌道に乗ったら買取のオプションを付けておくのもいいでしょう。一〇月から三月は雨季による工事遅延も予測しなければなりません。

マレーシアは当時、マハテール首相の一三年目（二二年間続いた）の時期でした。同氏はマレーシア人優先（ブミプトラ政策）をしつつ、「日本に学べ」（日本の勤勉さ、道徳、規律性）というルックイースト政策を打ち出しました。

アジアで最も経済転換に成功した国と言えます。当時GDP一〇％の伸びを記録し、先進国の仲間入りをも宣言しました。

＊マレーシアは世界で有数の多民族国家ですが、逆に彼ら同士の交流も盛んです。一つ切り口が見つかると民族を問わず、全員が協力してくれる。マニュアルの完成度を全民族に一様に理解してもらうことが肝要。

欧州編

フランス

現地生産を余儀なくされる事態は全世界に及びました。

ヨーロッパでは一九九九年に通貨同盟一一カ国により自国通貨を廃止し、ユーロが統一通貨となりました。通貨の利便性はさておき同盟国間の経済力の差が後々、浮き彫りとなり、加盟国増加と相俟って債務危機の拡大となっていきました。

来るべき円高／ユーロ安への対応、顧客密着生産（顧客の要請）と新規顧客開拓の命題の下、進出している企業も少なくありません。

フランスはモノづくり（第二次産業）に適している訳ではありません。それでも進出企業にとっては、不可抗力である為替差損をただ何もしないで見ている訳にもいきません。採算性確保のキーは円高に対抗できる条件をいかに多く見出すかです。

現地材料価格、現地調達部品価格、輸入免税、行政からのインセンティブ供与、顧客からのアドバンテージなど、投資規模が大きければ大きいほど、**条件の詳細をリストアップすること**にかなりのウエイトをかけることが必要です。

比較的大規模投資でグリーンフィールドからのスタートの場合、経験と実力のあるゼネコン、地元優遇の土地、現地サプライヤーの紹介、顧客との友好関係、財務支援（ファンド）などの優遇策をどれだけ引き出せるかも重要です。

当然、**現状の輸入販売の形態を上回る利益**を前提とした企画でなければならないことは言うまでもありません。特に固定費の中の人件費、とりわけ本社からの赴任社員の人件費は大きなインパクト要因になります。

赴任社員比率は工場稼働以降で最終的には〇・五％以下にすべきと考えます。人件費は現地のみならず、送り出す日本サイドでも相当な経費アップになります。プロジェクトの段階で技術移転の際、現地スタッフを日本に呼び寄せ**研修させる経費と赴任社員経費**を定量・定性的に長いスパンで試算することです。

工場レイアウトの話をすると、棟は工程順（プロセスフロー）に並べることが鉄則です。素材搬入→機械加工→組立→倉庫と一連を成す**プロセスフローを基本**とします。先進諸国において、ハード面では、特に人件費・管理費低減策として工場内の部品移動は「無人搬送車」を敷設した方がいいでしょう。

事務所は個室を設けず一望できるレイアウトにしてコミュニケーションの向上を図ります（西欧人は個室が好きだが）。

一方、ソフト面では顧客や部品サプライヤーとの情報交換の効率を図るために、EDI（エレクトロニック・データ・インターチェンジ─電子データのやり取りをインターネットで行う）システムを導入し発注、在庫、受注管理などを正確かつ迅速にできるようにする必要があります。

EDIを上手に使いこなせれば有益で、欧州のみならず世界規模の管理が可能になります。特に複数顧客、複数アウトソーシング（委託生産）との情報交換が容易になりますが、使いこなせなければ高価で無用の長物となってしまいます。

工場の設立は最終的に直・間接的にコストや品質が維持できるように多面的に検討されなければなりません。

個性派のフランス人に対しては「日本ではこうだ」という言い方は避けた方がいいでしょう。案として提示する程度にすると**和洋折衷の奇抜なアイデア**が出てきます。それでも日本から出張者がみやげで持ってくる、お菓子の包装紙だけは自慢せざるを得ませんでした。余りにも綺麗に丁寧にデザインしてあるので皆が捨てるのはもったいないと欲しがります（どこの国でもそうでした）。日本人のきめ細かさが表現されている身近なものだと思います。でも「包装コストが掛かりそう」とも言ってました。

フランスは、歴史的にイギリス（百年戦争）やドイツ（普仏戦争）とも熾烈な戦争を繰り返してきました。それらの国々の人達とも一緒に仕事しましたが、内心は蟠り（わだかま）があるかもしれませんが、表面上は良好な関係でした。シンガポールの項でも同様のことを述べましたが、戦争というのは負の遺産しか残しません。

フランス語は、数字の70、80、90という数詞の単語がなく、70は60＋10、80は4×20、90は4×20＋10とそれぞれの数字を読んでいきます。

フランス人には別に不思議という意識はありません。「外国人が勝手に不思議がるだけだ」とか。明確な説明はありませんが、どうも20進法で数えていた習慣という説もあるようでした。ではなぜ20かと言えば手足の指が合計20本だから……。

会話の中である課題に賛成でも反対でも、話の合間にmais（メと発音）を頻繁に使います。

意味は「しかし……」とか「でも……」です。文字通り逆の意見を言われそうですが、これはたとえ賛成であっても、さらに自分を主張し優勢な結末に持っていく、あるいは別の話題に切り替えたりするための挿入語です。だから話が長くなります。

話が好きなわりには文字を全部発音しません。例えば日本語の「どうもありがとう」に相当するMerci beaucoup はメルシボクと発音します。ボクの部分に注目するとお分かりでしょう。でもちゃんと発音上の約束事があるのです。長くなるので説明は省略します。

学習の成果を確認するためパリで行われたフランス語検定試験に挑戦したらパスし、良い経験でした。

＊フランスの国民は理屈・主張が好きで、話好きでもあるので、話を十分に聞いて協業体制に持っていく。絶対にプライドを傷つけないことです。時間はかかりますが、何事もスタートし出すと、物事は早く進む。

ポーランド

中欧の国、ポーランドはノーベル賞受賞者を多く輩出している国だけあって、優秀な人が多いのですが、優れたリーダーシップを持った者がいてこそ、価値が発揮される面があるので、如何に**長所・適性**を見出すかがポイントになります。

ポーランドは、民主国家となってまだ一五年（一九八九年東欧革命）ほどの、ホヤホヤの時期に出会いました。親日的でもあり、勉学・勤労意欲も高く、粘り強い国民性が中欧でトップクラスの経済力を誇る所以でしょう。

幹部となる人は流暢(りゅうちょう)な英語、ドイツ語を話します。従業員の定着率も高いので生産性も高くなります。

その要因として会議体制を明確にしＰＤＣＡ（プラン―行動―チェック―アクション）が機能しているからです。それと徹底して無駄な会議は開きません。

全従業員会議を一カ所で行い、**情報を共有する**コミュニケーションスタイルと組織のフラット化はこの国では有効に働いています。その場所で各部門から品質や生産性も報告させると責任感が出てフォローがうまくいくのです。

欧州自動車メーカーの工場を見学しましたが、本国からの**出向社員**は全従業員の〇・三％であり、世界中の出先工場の中で最優秀工場（コスト、５Ｓ、その他工場の指数面において）だと言って社長が自慢して認定証を見せてくれました。床に油一滴落ちておらず、光り輝いていました。

アメリカやシンガポールに見られるように欧州先進ハブ工場と衛星工場の構図は、ここでも見られ、**人事交流**（両社の兼任など）、**設備の互換性、生産数の過不足を補っ**

たりしています。

　スタッフは積極的にセミナー、研修、語学習得などを通して、自己啓発に努めています。どうも色々なポーランド人と話していると、民主化以降に羽ばたくようにして研鑽を積んでいるように見受けられます。

　七カ国と国境をもつ国で、国境沿いには隣国の文化があり、我々のような島国と比較し、陸続きで外国へ行けることなど、とてもユニークな感じです。

　ポーランドは戦争で国が分割されたり、長い間地図から消えたこともあるだけに、自ずと閉鎖的になりがちですが、国民は屈せず逞しい。それだけに職業別の労働組合も強力ですが、事情を説明し目的達成後の計画を示せば話は早く、スムーズに行きます。

　マイナス二三度も体験し、紅葉ならぬあの有名な「黄金の秋」も満喫できました。

　ナチスによる虐殺の地、アウシュビッツ強制収容所・処刑場を訪問してみましたが、収容所には山積みされた大量の遺品、カバンの部屋、メガネの部屋、靴の部屋や、人体実験室、ガス処刑場……。一周し終わった頃は、戦時中の悲惨な行動に驚くと共に吐き気、頭痛を覚えました。

社会主義時代の名残りを留めた重厚な構造物を見たり、亡命などの話を身近に聞いたりするたびに、戦争の悲惨を痛感しました。

食卓にはジャガイモと肉の料理が多いのですが、広大な土地での作物はかつて周辺の社会主義諸国の台所とも呼ばれました。

ポーランドではワルシャワ以外にはまともな日本食にありつけません。日本食が恋しくなるとアウトバーン（速度制限なしで時速二〇〇キロ以上出せる）を走って旧東ドイツのドレスデン、ベルリンへ出かけたり、チェコやスロバキアへも日帰りし、息抜きもしました。

プラハのカレル橋や、スロバキアの宮崎駿アニメ（天空の城ラピュタ）のイメージ舞台の一つになったスピシュ城は見ごたえがあり、とても活力をもらいました。一面真っ青な芝生の小高い丘に古城が高々と立つその姿、本当に絵になる光景です。

欧州は長い、長い厳しい冬の後、春の訪れと同時に一斉に咲き乱れる種々の花が、何とも心を和ませてくれます。

＊ポーランドでは社会主義時代の名残りのせいか、仲間意識、共同意識が強いこともあり、できるだけ個々人への指示よりも部内・課内といった複数の人々と情報を共有する方法が好ましい。

第4章

現地生活の知恵

子弟の学校教育

この件は非常に重要なことで、家族のメンバーが真剣に討議し進めていくことになります。日本人学校の有無にもよりますが、大きく分けると次のようなケースになります。

①親と帯同するか、日本に残留するか
②帯同した後、日本人学校入学か、現地の学校またはインターナショナルスクールか
③帯同した後、日本で教育するために帰国あるいは他の国で教育するか
④帯同した後、他の国で教育する場合、日本人学校か現地の学校か
⑤単身赴任し、妻と子供は日本に残留するか

節目の年代は大体、中学か高校になるでしょう。家庭の事情、赴任の期間も関連するので、どれがベストとは言えませんが、家族と一緒に海外で過ごすことは良い経験

になると思います。

私の子供の場合は②と③の選択でした。小学校はシンガポール日本人学校、中学校はマレーシア日本人学校からインターナショナルスクールへ転校、高校はフランスで職場の近くに英語教育機関がなかったので現地高校へ入学し、その後パリのブリティッシュスクールへ転校しました。これで英語教育への道筋ができました。その後、大学・大学院は英国で学ぶことになりました。こうしていくつもの国を経たことで、子供なりに苦労も多かったでしょう。

どれを選択するかは――

子供が**自身の将来像をどう描くか**、外国語に親しめるか、入学試験の準備、外国の文化・習慣（人も含め）に馴染めるか、親の住む国（外国）から他の国への引っ越し、下宿探しなど、多くの準備が必要でした。決して用意周到ではなく、「英語教育への一本化に向けて、その都度対応する」というのが本音です。

思春期において親に帯同して、海外で移り変わる学校生活は非常に酷でやり切れない想いもあったでしょう。そのたびに友達と別れる辛さや孤独、不安、忍耐の繰り返しだったかもしれません。

しかし結果的にはイヤなことばかりではなく**精神的な豊かさ**（自立心、客観的な判断力、豪胆さ）が少しは育成され、語学においてトリリンガルになれたことは、本人達が最も喜ぶべき成果だったでしょう。可愛い子には旅をさせた方がいいです。もちろん糸の切れた凧（たこ）にならないように。

インターナショナルスクールに在籍しても、ほとんど英語が分からず途方にくれる子供、生理的に外国人を受け容れられない子供、カリキュラムに違和感を感じる子供と様々です。一度決めた進路でも、ミスマッチなら再検討し**適性を見極め**果断な処置をとることです。

単身・独身で赴任の場合は比較的、仕事に集中できますが、家族帯同赴任だと本人は仕事、奥様は家事、子供達は勉強とそれぞれが異なる環境です。

しかも外国では仕事、家事、勉強という**それぞれの環境の距離感があり、家族のつ**

ながりが希薄になるという大きなリスクが潜んでいます。特に小さな子供さんのいる家族では、家族全員でコミュニケーションを常にとり、事故を未然防止することです。

弁護士・会計士・病院

弁護士

行きつけの弁護士を持つのがいいと思います。言葉も十分に分からない外国では実績のある弁護士または事務所を探しておくよう勧めます。治安の悪い国は、悪事に巻き込まれる可能性も高く、契約社会の外国ではなおさらのことです。

弁護士に相談するまでもない、次のようなコソ泥レベルは自分で注意するしかありません。

ブラジルでのある日、子供の手を引いた日系二世から玄関先で「子供が病気で、すぐ手術が必要なのでお金を貸して欲しい」とお願いされ、都合をつけましたが、その後、音信不通に。

逆に次の例は弁護士が大活躍してくれた事例です。

ポーランドのある寒い夕方、レストランで食事していた時のこと、食事をし始め三〇分も経たないうちに、道路沿いに停めてあった私の自動車が盗まれているのに気づきました。しょっちゅう窓越しに注意を払っていましたが、あっという間の出来事でした。数日後、犯人はドイツで捕まったとのこと。

男は私がレストランへ入った時、鍵の入ったオーバーコートをハンガーにかけるところから見ていたらしく、ハンガーごと盗んだのです。**周りにいる人達がいつも善人とは限らない**と理解していても、スキを見て瞬時にやるのです。

もう一つ南米での出来事ですが白昼、近くの一軒家に引っ越し屋の車がきて家財の持出しをしているので、てっきり引っ越しかと思っていたら、実は堂々たる白昼の大泥棒だったのです。ちゃんとその家族の留守を調べ上げ、入念なフィジビリティスタディをしていた訳です。

日本人はお金持ちに見えるらしく、しかも他のアジア人との区別が付きやすいそうです。あまり派手な服装、貴重なものは身につけない方が無難です。でも身の安全のために、少々のお金は財布に入れておいた方が良いと思います。

先進国でも途上国でも**犯罪は付きもの**であることは、再認識しなければなりません。

会計士

監査法人の選定においては、所属している企業が本国で採用している同じ監査法人を選ぶことで、共通性が出て作業もスムーズにいくと思います。公認会計士は企業の収支（決算書）が正しく作成されているかをチェック（監査）してくれます。同時にコンサルティングや税務関係の窓口があれば、個人の税金申告や年金など不明な点を相談してみることです。

外国で働く場合はその国の社会保障制度に加入しますが、日本でも保険料を払っていると二重負担になります。そこで二国間で社会保障協定を締結していれば、二重負担の回避と年金保証期間を通算することが可能になります。

ただし日本と社会保障協定を締結している国に限られます。すでに締結済の国、締結中の国、と随時変化していますので常に**情報のアップデート**が必要です。日本年金機構、あるいは滞在国の年金事務所へ相談すると良いでしょう。

病　院

日本の国民健康保険のように一律に治療を受けられる訳でなく、政府系の保険だと予約して一カ月以上待たされて診察を受けることもあります。緊急を要する場合は、そんなことは言ってられませんので他の方法を考えることです（特に途上国）。国によって保険制度が大きく変わるので一概には言えません。いずれにしてもかかりつけのファミリードクターを持ち、有事には専門医に直ちに紹介してもらえるルートを作っておくことです。

最初からプライベートな医療保険に加入する手もあります。その際、保険料金は高くなりますので、家族構成に合わせて選択するといいでしょう。

スペシャリストの医院・医師の中から、どこのどの医師が質的に優れているかの情報を持っておくことです。外国では抗生物質を投与する傾向があるので、どの薬にアレルギー反応や副作用があるかを把握しておきましょう。

外国では痛みの表現でキリキリとかズキズキなどのような言葉が我々の表現とマッチしない場合がほとんどですので、現地の人に表現の仕方を聴いておくことをお勧めします。

体質か病原菌の違いによるのかどうか分かりませんが、日本から持って行ったクスリは効くものとそうでないものがあります。

滞在ビザ（査証）

ビザには学生ビザ、観光ビザ、滞在ビザ、就労ビザ……とさまざまな種類があります。これも国によって細かに規定されていますので、**情報をアップデート**しておくことです。

期限付き滞在ビザで数年居住すると、国によっては永住ビザが発給されます。

ブラジルでの私の場合ですと五年後に更新手続きを行ったら、審査に七カ月もかかりましたが、永住ビザが発給されました。審査には主に納税証明書、給与証明書、職種の説明書、今後ともその職種がブラジルにとって必要かなどを証明する多くの書類を提出しました。

永住ビザの発給後でも現地に住み続けていれば問題ありませんが、出国してから少なくとも二年以内に再入国しないと無効になります。永住ビザといっても、そこで生まれた人と全く同一の権利を行使することはできません。

ビザ有効期限はもちろん、延長可能か否かも認識しておく必要があります。怠ると不法滞在となり懲役、罰金が科され、エスカレートすると強制送還にもなりかねません。**ビザの有効期限**には十分な注意を払うことです。

必ずしも家族と自分のビザが同じ有効期限ではないかも知れません（出国日が異なる場合）。また規則は未来永劫保証されたものではありません。逐次チェックする必要があります。

サイン（署名）

日本の印鑑代りに外国では何かにつけて、サインを求められます。契約を始めとしほぼ全ての公的書類にはサインが必要です。

ブラジルのケースだとそのサインが本物であるか、公的機関が委託した民間登記所で承認印をもらう必要があります。

予め自分のサインを「サイン登録」しておいた「登記所」へ出向き、有料で承認してもらうのです。担当者がチェックし、少しでも登録したサインと筆跡が異なる場合は、サイン登録のやり直しになります。日本の登記所とは少し意味合いが異なります。

従ってサインはしっかり練習して、いつでもどこでも同じサインができるようにしておくことです。

「日本は印鑑一つで済むよ」（実印登録は別ですが）と言うと、ビックリして、真似されて作られないか、持参するのを忘れたり、なくしたらどうするの、なぜシャチハタでもいいのか……と矢継ぎ早に質問されました。

ちなみにこのサインシステムはポルトガル人がブラジルを植民地化した当時から継続しているようです。サインが、本人であることを確認できる唯一な方法である限り、廃止またはシンプル化できないでしょう。

引っ越し

私の場合二一回引っ越ししました。

家の賃貸契約書はちゃんと弁護士へ相談し、主な点は確認しておくことです。家賃には何が含まれているか、税金、管理費、不動産税、毎年家賃は上がるのか、上がるなら何パーセント上がるかなどです。

それと**入居する時の部屋の状況**、備わっていた物などをしっかり把握しておき、オーナーと一緒に確認し契約書に記載することです。そうでないと「あった、なかった」の押し問答になります。

引っ越しをスムーズに行うには、できるだけ身軽にすることで、引っ越しのたびにモノを買っていると部屋が倉庫になってしまいます。できれば家具など備え付けがある方がいいですが（家具が気に入ればですが）、その分家賃が高くなりますので、滞在期間、家具の価格、引っ越し経費などを計算し、どちらが有利か比較することです。会社の総務部門がやってくれる場合でも、全ては経費が膨らむ話ですので、必ず自分で確認しておくべきです。

自動車免許証

日本で国際運転免許証を取得しても期限は一年で、しかも条約締結国に限られます。期限が過ぎると現地の免許証に切り替える必要があります。その際、日本で取得した免許証を現地語へ翻訳して済む場合と、当局へそれ（日本の免許証）を提出し、引き換えに現地語の免許証を交付される場合とがあります。

後者の場合は必ず、帰国する時、日本の免許証を返還してもらえるかの確認が必要です。返還しない国もありますので要注意です。もし返還されない場合は、日本で新たにゼロから免許を受験することになります。少なくとも写しぐらいは取っておくことです。

現地の免許証を所持し第三国へ赴任した場合、その二国間に協定がない場合、その国の言語でゼロから受験し直すことになります。

ブラジル免許証は、現地にいる時、書き換えだけで済むと考えていましたが、日本との協定がないのでゼロからの受験になります。

アメリカの免許証でも限られた地方の免許証しか書き換えることはできません。**赴任・移動国との協定内容**を予め把握しておくことです。

第5章　日本の未来のために

世界一周の仕事の旅は瞬く間に終わりました。充実していたせいか時間が経つのも早いものでした。あまり辛い想いはなかったというか、覚えていません。置かれた環境で迅速果敢な時もあれば、遅疑逡巡の時もありました。幼少期のリスクだらけの経験は、いろんな局面で考え方・進路を暗示してくれました。

親御さん、**ハイリスク・ハイリターン**と言います、子供さんの自主的な行動や見聞は将来の糧（原動力）になります。寛容に見守ってください。

仕事は、最初は誰しも狭い守備範囲から始まり、徐々に枝葉に分かれ、それを少しずつカバーすることで広い守備範囲になっていきます。広範な守備範囲をこなしていくことで、自分が想定もしなかった職位になっていく場合もあり、一朝一夕には成し得ませんが、やはり経験を知恵に変え、仕事で発揮していくことが大事です。

できれば**同じジャンルの職**に就いている方が早く守備範囲が広がるでしょう。再三申し上げているとおり、これは、同じ会社の中において**自分の専門外も学び取り**、守備範囲を拡大していくということです（エンジニアでも経理、マーケティング、コスト計算、購買知識など）。

人々が生きている時代、政局あるいは経済などの環境によって形勢は大きく変わります。それに応じてその都度、各人が判断し、それぞれの路へ進む訳です。要は自分が考える人生観がブレないことが自分の成長になり、周り（社会）への貢献にもつながります。

確かに海外赴任者数は減少傾向にあり一段落しました。しかし今後も海外に販路・活路を見い出す企業は存続していきます。すでに展開した企業はますます効率化（生産性向上）を図るために**統合、スリム化、M&A**（買収／合弁）といった戦略も加速されます。そういう観点から**次世代**（ニュー・ジェネレーション）**への成長ステージ**として好機だと思います。

そんな苦労を買ってまで、海外志向になりたくないと、言われるかもしれません。しかし旅行と違って、住んでみることによるメリットは間違いなくあります。リスクもありますが、それはデメリットではなく、私は敢えて**対応力・機動力が培われること**だと言いたいのです。

渡航前の目的が成就した訳ではありませんが、海外でたくさんのモノを見聞きしアクションを重ねたことで、少なからず満足できる目的を達成したと感じております。もちろんこの様なアクションができる環境を整えてくれた、上司やトップの配慮に大感謝です。

＊健康を第一とし、諸国には国民性があり、異なる企業風土があると考えて、世界の人々と協業し、俯瞰的視点を持ち、自分の人生を設計する。

体験を基に以下で総括し、今後どうありたいかも含め述べてみます。

文武両道は心地よい

極端な言い方ですが、船が転覆したら泳ぐ、崖から落ちたら受身でかわす、ライオンに追われたら走って逃げる、ようになりたいものです。それには体力を付けることしかありません。体力を付けるには健康でなければなりません。

具体的には、食事と運動です。私は食事のバランスには気をつけています。運動はランニング・筋トレ・水泳を欠かさず続けています。特に水泳は一〇〇〇メートルを真剣に泳ぐために、タイムを計るようにしています。

いかに**強健な身体を維持**できるかが原点です。多くのストレス（日本でも海外でも）もスポーツを通して解消でき、精神的安定や健康維持も得られ一挙両得です。

文武両道の真髄に少しでも近づけるようにアカデミックなことも並行して行えれば、時間を有意義に過ごせて、心地よくなります。

ということで次は語学の検定試験にチャレンジしてみます。スコアーの良し悪しも大切ですが、目標を持てば三日坊主に終わりません。読書でも良し、趣味でも良し、資格取得も良し。その中でも私は毎日続けると効果の出る語学は、良い材料だと考えています。

そして語学においては**最低二カ国語（英語＋他）をマスター**するよう心がけたいものです。世界のグローバル化にあって、これからは英語のほかに他の言語の必要性が出て来ます。英語を習得することで他の言語が学習しやすくなります。ただし複雑なグラマー（文法）より実用性を重視することです。

日本では「少なくとも英語だけは話しましょう」と言われて久しいですが、未だに実用性が備わっていません。五十音の「あいうえお」と「アルファベット」の違いは、我々にとっては相当な壁になっているようです。

しかも同じ英語といっても、シングリッシュ（シンガポール英語）、ヒングリッシュ（インド英語）……、米国内の東西南北における訛り（なまり）などを理解するとなると気が遠くなります。これらを理解するには人々に接していくしかないでしょう。

またあるラテン系言語を一つ学習することで他の言語が派生的に覚えやすくなりま

す。海外で、三、四カ国語話せる外国人と何人も会う機会がありました。「すごいなこの人、どうやったらこんなにいくつもの言葉を話せるんだろう」と思ったものです。

しかし前述したように、ラテン語（スペイン語、イタリア語、ポルトガル語、フランス語……）は類似した言語です。共通点は人称による動詞の変化だったり、単語・発音が類似している点です。

日本人がラテン系言語を最初から始めるより、彼らが他のラテン系言語を覚える方がはるかにやさしいのです。標準語と九州弁程度の違いになるかも知れません。

最近、外国人の中学生向けのフリースクールの学習支援ボランティアを始めました。アジア人やブラジル人が主ですが、来日して半年ぐらいの子供達が日本語で読み書きします（上級レベルではないが）。**ひとえにハングリー精神**です。

＊加齢しても衰退しにくい脳みそ・筋肉・骨を造っていきたい。

国民性の発掘

日本ほど教育が普及し、また勤勉意欲のある国民は稀です。教育環境は平準化され、人の能力にも大差はありません。教育ができる環境にあるということはカントリーリスクが少ないということです。この安全安心の環境下での教育は全ての分野を成長させることになります。

日本人の最も特徴的なことは**集団思考**です。集団に**技術が加わると相乗効果**が生まれます。それは先のリオ五輪スポーツでも明らかなように体操男子団体金メダル、陸上男子リレー銀メダル、シンクロ銅メダルは全て集団の中の責任感と技術がうまくリンクされたものです。

日本独特の学校の運動会も集団意識・活動を養成する一つの行事です。個々の力を合わせ、相乗効果を生みだすことに長けている国民です。

国民性で身近な一例を挙げると日本の店員さんです。商品知識を持っており、ただの売り子さんではありません。お客さんの側に立ってかなり専門的な内容まで説明できます。そしてレジで支払った後にビニール袋をお客さんが持ちやすいようにネジってくれます。

礼儀正しいのは見ていて気持ちがいいものです。道路工事で交通整理している方、子供の登校下校時の横断歩道のボランティアの方々が、停止した車両にお辞儀するなど、挙げれば切りがありません。

このような相手の立場にたった**質の高いサービス**は日本が断トツであることを海外にいて実感します。外国では自分の至らなさは店の汚点（恥）であるという意識はありません。また店員がお客さんに心遣いをすることを、立派だとも考えていません。

日本では仕事を覚えていくと**守備範囲が広くなる**と述べてきました。日本人は言われたことだけやるフォロータイプではありません。リードタイプの集団です（一〇〇％ではないが）。これは教育とかトレーニングではなく、ＤＮＡから来るものだと思います。日常的にリーダーシップとはこうだと教えなくても、自然にそうなって行くのです。ある意味、日本人の目に見えない教育とでも言いますか、曖昧な教え方の美点かもしれません。

日本人は飽くなき利便性を追求し、止めどなく既存品の改良を行います。しかし海外の人は**過度な利便性が逆に弊害**を産むと考えている場合もあります。従って利便性を良しともしないし、それへの投資も優先しません。利便性とビジネスはほぼ併存しますが、外国では優先すべきものが他にあると考えるのです。

日本人は概して争いを避け、協調性を重視、迷惑をかけない、親切・礼儀心、思いやる（ボランティア心）、控えめ、人を待たせない……などの美点があります。

海外では考え方が異なります。言いたいことは言う、集団、個人に関係ない、意思表示・主張が強い、迷惑の意味合いが違う、自分は自分、無用の口出しをする……といった具合です。

意思表示・主張とも関連しますが、日本では何でもないような小さな喜怒哀楽でも、外国では針小棒大にいう傾向があります。これは人間が持つ感情を、表に出す意味から非常に良いことで、必要なことでもあると思っています。言葉に出すことで皆と共有でき、進展あるいは解決する可能性も出てくるからです。

日本の常識は世界の非常識と言えるぐらいメンタルは違うし、それぞれの**文化には**（我々の目から見れば）**一長一短**があり、優劣はつけがたいのです。

例えば争いを避ける余り、沈黙を保つと外国では自分の意見がないと思われます。これでは困ります。日本人は言葉で説得し、理路整然と話すことが苦手です。でも海外ではそれができないと真の議論はできません。

阿吽の呼吸で乗り切れるなんてことは全くありません。笑ってごまかしたり、直ぐに譲歩したり、分かったふりをしていると、どんどん迷路に入り込んで行きます。「国際感覚」という立派な言葉で構えるのではなく、ごく**当たり前におごらず自然体**で対応すれば良いのです。

乱暴な言い方かもしれませんが、道徳観の許す範囲の中で、我々はもっとわがままになり、主張し要求を勝ち取っていくスタンスが必要だと感じるのです。決して温厚篤実が悪いと言ってる訳ではありません。とても奥ゆかしい文化だと思います。ただ意見もなく、反論もなく右へ倣え（なら）と受動的になることだけは避けなければなりません。

今ひとつ未だに、日本人の特徴としてよく理解できない点があります。ボランティアで身を粉（こ）にして働いて上げたり、親切心で電車の終点で車中で寝ている人に声かけしたり、田舎で一人暮らしの年配者の家の見回りしたりする心遣いを見る一方、同じマンションの隣に住む人とは無縁、エレベーターに相乗りを避ける、学校でのイジメ、振込み詐欺等々です。

信用社会・相手を慮る国民性に垣間みる、奇妙な負の数々です。きっと特段、自分と何も関わりのない集団・個人への協力は厭（いと）わないのだと思います。これらの奇妙な負の点は、単に会話を楽しむという概念が不足しているか、孤独が好きな人が多いか、心の教育が不足しているせいではないでしょうか。

これらは性質からくるものと、性格からくるものとがあります。しかし社会的な悪事についてはやはり、幼少時からの教育が大切です。

しかし、海外の人は不思議なほどに日本の国民性にとても好感を持っています。また**絶大な信頼感**もあります。二〇一一年の津波のあとの冷静な対応、全国規模の助け合い、復興再生を見て、「略奪も一切なく、国の支援も整然としている」また「二〇二〇年オリンピック開催が公表されても馬鹿騒ぎしない」「冷静沈着である」と言っていました。

さらに、日本人の職人技術とその伝承について、職人技術は飽くなき挑戦の賜物であり、それを受け継ぐ人達との絶妙なコンビネーションが美しいとも言っていました。ブラジルにおける日系人の地道な努力がいろいろな分野で開花し、国に貢献している光景を見てブラジル人は「ジャポネスガランチード」（ポルトガル語で保証付の日本人）と言い、それが代名詞になっているほどです。なんとも微笑ましいことです。先輩方の国民意識と努力に感謝です。そして私には持ち得ていないもの、奉仕の精神など、多くのことを先駆者に学びました。

日本の裏側、最も遠い国で未だに日本文化が生き、日本語が話されている唯一の国です。

大きく言えば――

＊もっと、もっと議論する。その中で自分の意見（政治・経済・社会も含め）を主張する、それは常にマクロな視点でありたい。延いては大局的な観察力を醸成する。

身近では――

＊目標に沿った時間の使い方をする一方、家族と過ごす時間が持てるよう工夫する。

＊ユーモアを交えた会話を心がける。そうすると余裕が出て思考に柔軟性が現れる。

企業風土のウラ・オモテ

外資系企業では経営判断が速い。日本の決裁書のようなものは存在しますが、上層部（役員クラス）のほんの数人で承認します。決裁された案件はジェネラルマネージャー（部長）から部下へ降ろされます。日本のように社員自らが中期・短期計画を企画することもありません。「母国で決断された案件を、その国で執行するだけの役割」に特化されているケースが多いのですが、現地主導でゼロから開始するプロジェクトもあり、その場合は課長クラスからインボルブ（関与）していきます。

中期計画などの進め方は、日本的手法をいきなり導入しても形骸化するだけだと思います。最初は上司から降りた案件の**一年間の実行計画を立て**、月ごとに進捗管理し、「できなかったのは何故か?」をＰＤＣＡに沿って実施する訓練から始めることです。

概して日本の企業は集団で決裁するのに対し、外資は主要メンバーで行う傾向にあります。従って主要メンバー（ボス）の役割に期待がかかります。

人事採用では「万卒は得やすく一将は得難し」と言われるように、一将を探すのには必死になります。内部に適任者不在と判断したら人材銀行、スカウト、友人紹介とあらゆる手段を通してリクルートします。この一将を採用すると、時にはそのボスが以前の職場から数人を引き連れて転職してくる場合もあります。このように実質上ボスが人事を掌握しています。

前述したように、新入社員を卒業と同時に大量に採用し初歩的なノウハウや工場実習を行うこともありません。日本が新卒者を教育するのとは対照的に、必要な時にプロを採用する。そしてある期間（ほぼ三カ月）の見習い中に、掲げる目標の達成または達成の手順を示せなければ採用に至りません。

面接では大げさに言うと**最初の数分**で、おおよそ合否の判断ができると考えます。多くを話す人ほど焦点のズレた受け答えをします。

日本では採用後は適性を見出し適材適所の配属、二、三年でローテーションを組む。そしていつも**少数精鋭を原則**とします。外資系は一人二役、三役という考え方はなく、基本は一人一役で、役割が明確です。もし複数の役割を要求されたら、当然ながらサラリーアップを要求します。責任の大小で報酬は決められます。

でも私は敢えて日本のように複数の役割を与え、報酬を増やす方を提案します。インセンティブ（優遇・動機付け）を与え、**総体的な人件費を減らす**のです（量より質）。結構これでうまくいくこともあります。

節目での人事評価も重要になります。職務記述書の目標対実績を本人と一緒にレビューします。業績未達の場合の多くは、自責ではなく他責を主張しますので5WHY

（なぜを五回繰り返す原因分析）で原因を探し出し、改善点を新たな（次期）記述書に掲げていきます。また基本的に仕事よりプライベートを優先する、定時にさっさと退社、仕事は二の次、という考えが主流であることを一応念頭に置くべきです。

日本は資源に乏しく、大きな枠組みで言うならば加工貿易という手法で、経済発展を成してきました。企業風土の根本の違いはその国が加工貿易なのか、そうではないのかという構造的な点にありそうな気がします。日本は、モノづくりで勝負せざるを得ない企業風土になったのです。そうでないと、おまんまの食い上げになったからです。いくつもの国々で様々な製品を観てきましたが、消費者側の立場で丁寧に造られているモノはメイド・イン・ジャパンが際立っています。

資源の輸入にあたって為替に一喜一憂せず、ちゃんと利益を出せてきました。資源不足という弱点を巧みな技術で代替し見事に開花させた訳です。モノづくりだけではなく**内・外需に対し全面的に優秀な製品を造る術**を培ってきました。

外資、日系企業を問わず日に日に厳しい要求にさらされていることは事実です。今後は海外ユーザーの要求と変化に素早く対応し、ＱＣＤ（品質・コスト・納期）を満足できなければ太刀打ちできません。

しかし、昨今の品質問題、データ改竄（かいざん）、無資格者による検査などに関し言えば、今一度日本人の国民性である責任感、実直さ、真剣さを取り戻すことを優先して対処すべきかと思います。またＩＳＯ認証は形骸化していないかの検証も必要です。そうすることで自ずと経済効果も出てきますし、世界中からの信頼性も維持していけると思います。どのジャンルの職域でもそうですが、今や高品質は当り前で、品質構築（顧客信頼）には一〇〇年かかっても、問題が発生すれば瞬時に瓦解（がかい）するものです。

従って適正な**品質管理と明瞭な責任体制**を確立しておかねばなりません。それも含め、その国の企業風土を勘案した組織を編成し、そのメンバー（全員）が**オーナーシップの意識**をもつことです。そうすると付加価値の高いモノ（有形・無形）に帰結してきます。

＊外資系は結果重視です。結果達成するには優秀な人を集め、彼らを管理しフルにキャリア発揮させるマネジメント力を持つこと。

＊個々の技を結集した集団の育成とタイムリーなビジネス・モデルの構築、その際、団塊世代の人達の力を大いに拝借する。
＊できるだけ多くの世界のトレンドを、国際的な視野で見出すこと。

世界の人達とのコラボ（協業）

これからはＩＴ（情報技術）・ＡＩ（人工知能）・ＩｏＴ（モノのインターネット）・ロボット・航空技術の進歩を合体させることにより多国籍化・グローバル化はより一層加速されると思われます。

では何故コラボが必要かを私なりに整理しますと、以下のようになります。

・現在では先進国の経済推移が世界の人々の生活水準に大きく関わりを持つようになってきました。その先進国では少子高齢化が進んでおり、共通の課題を抱えています。

特に日本は速いスピードでそれが進んでおり、**労働力人口**が課題になっています。数十年後には約五〇〇〇万人になるとも言われています。現時点より三〇％強も減ることになり、国力低下も懸念されます。

もちろん働き方改革を掲げ生産性向上を目指し、ＩＴ・ＡＩ・ＩｏＴ・ロボットの進歩で仕事が置き換えられたりもしますが、まだまだ多くの課題（時間を含む）を乗り越えなければなりません。従って若者の社会保障費負担は増加の一途をたどります。この課題への布石の一策として人事のボーダレス化を推める必要があります。

・世界の人達の創造的なアイデア（その国のニーズを反映）を集結し、付加価値の高い商品を生み出す。

・職種によっては労働力不足が深刻ですが、お互いが恩恵を受ける形で解消する。

外国人と接する機会が増えるということは異文化と接するということです。そうすることで**客観的に双方が見え、どう対処すべきか**が分かってきます。

アメリカもブラジルも日本の二三～二六倍の国土面積があります。この大陸性がもつ独特の気質の違いは永遠に変わることはありません。またアジアの中の島国日本。欧州大陸においては五〇余の国々がほぼ陸続きです。これがもつ独特の気質も変わることはありません。

また多民族国家と単一民族国家との管理・統制（社会、政治、治安など）は当然、多民族国家が難しい。という訳で日本人同士で仕事している方が問題・課題ははるかに少なく効率もいいのですが、しかし前述したようにコラボレーションは時代の趨勢です。止められるものではありません。今や外国人の職場は全国津々浦々に広がっています。種々雑多の問題はあるにしてもその規模はかなりのスピードで広がっていきます。

欧州のように陸続きだったら頻繁に往来があり、もっと早い時期にその時代はやって来たでしょう。企業の積極採用、外国語教師（地方でも活発）、スポーツ界、芸能界、合法的な労働者と様々です。

私の故郷にも英国や他の国から中学語学教師として三人も滞在しているほどです。田舎の人は何も構わず日本語で話しかけ、それが結構、通じているのです。

語学などを習う必要がないのじゃないかと、錯覚するほどのコミュニケーションのやり取りがなされています。田舎の人はいろんな気遣いもしてくれます。これが本当の「おもてなし」です。外国人が無事で余裕を持った、生活を送れるようにしたいものです。

礼節を重んじる日本人が、価値観の異なる人々と協業するということは、現在、多民族国家が抱える諸問題・課題が日本でも表面化して来るということです。法の整備（医療、年金、福祉、自立支援、国際間協調）、契約社会への移行、レディーファースト習慣の徹底など**不慣れなことも進めて**いかねばなりません。

もちろん副次的効果としても期待できる部分もあります。地域創生にも外国からの文化・習慣・言語・国民性などが大きく寄与します。そして日本の良さも世界へ普及されていきます。海外ではマネジメントに長けた外国人をたくさん見てきました。そういう意味では、日本人と切磋琢磨し資質の底上げも可能になる訳です。

今でも政府がアジアから介護などの仕事で、労働力を受け入れています。このような取り組みを政策的に増やしていくことです。

医療・介護・食などの分野には難しい試験が課せられています。誰でもという訳には行かずやむを得ないことですが**需要・供給のバランス**を中長期的に柔軟に考え、入国後も適正な訓練をして上げるぐらいの緩和策が欲しいものです。日本人が海外で働くときも外国の人に助けられている局面をたくさん見てきました。

世界には日本を知りたい、勉強したい、働きたい、文化・慣習に触れたい……という人々が、ごまんといます。そんなに魅力のある国なのです。これを生かさない手はありません。是非ウェルカム・ツー・ジャパンを大規模に推進したいものです。

私の幼少期のように外国人が珍しかった時代に比較して、日常的に同居する時代がやって来てこそ、日本の**国際的地位も評価**されるというものです。

最後に一つ。国内のコラボレーションに関して言えば、少子化とも関連しますが、**団塊世代の活用**を積極的に行うことです。しかも採用条件を「年齢」でなく「働ける人」として募集し、**若者とのコラボをOJT**（オン・ザ・ジョブ・トレーニング—先輩による職場教育）を通じて図れば、相乗効果が出ること必至です。

今の高齢者の方々は比較的元気で経験豊富です。「積極的に社会に残留し続投の体制」へと行政、自治体も変革すべきだと感じます。後期高齢者に関する「2025年問題」においては、ただ騒がれているだけで、これといった具体策がないまま今日まできています。少子高齢化への備えという後手ではなく、高齢者積極採用の取り組みという先手を打つことが、働き方改革に大きなプラスに働くことは間違いありません。

＊専門・技術分野の外国人の移入加速は積極的に。単純労働者の受け入れも緩和的に。
＊婉曲な表現を避け、明確に物事を言えるコミュニケーション・スタイルへ。

俯瞰的な視点で働く

時代は日毎に変貌しています。また職域の方向性も様々です。そこで企画した中期展望を定期的に俯瞰して方向の違い、不足が生じていないか配慮しなければなりません。自分が行っている日常的なことが、計画に沿ったものであるか否かも再確認するということです。雑務や本業以外のことに忙殺され、違う方向へ行くことのないようにしましょう。

どの分野もそうですが何かを製造、販売する際、多くの条件を考慮します。しかしキリがありませんので、目的に応じて優先順位をつけます。その根幹となるのは**情報収集**です。

工場を立上げると竣工式を執り行いますが、その際、経済大臣、工業大臣、日本大使、町の名士の方々を招待することもあります。それらの方々からいつもは聴けない国レベルの話や、自国への投資促進や優遇策を披露してくれます。これらの重要な意見や民間から収集した情報とを合体させ、ヌケがないか**俯瞰する必要**があります。

自社の製品を世界へグローバル展開したい時、最も採算性に影響するのが各国の税制です。合法的にその節税方法を模索すべきです。

メキシコとメルコスール加盟国（南米五カ国）との経済協定のフル活用という面から最適条件を見出すために、ウルグアイ工業大臣や日本大使との面談、アルゼンチンの世界最南端の町フエーゴ島（保税倉庫扱い）を訪問したこともあります。

メキシコから南米五カ国のいずれかの国を経由してブラジルへ輸入できないかを模索したのです。その結果、理論的には可能でしたが、実務的にソース（人財、時間、投入資金）にやや難があり断念せざる得ませんでした。何れにしても**自分の眼で確認**することが大事です。

節税の考え方を要約すると――

・共同加盟国の一つの国を経由できないか。
・政府が要求する現地調達率（国により計算式は異なる）をどうやってクリアーするか。
・積極的にＦＴＡ（フリー・トレード・アグリーメント――自由貿易協定）を活用できないか。
・ドローバックシステム（輸出を条件に部品、原料への支払済税金を還付）を活用できないか。

これらを総合的に検討することです。

一方、政治面では大統領選や政策にも大きく左右されますので、**現在の政権または新政権**の任期、経済協定の存続性、産業の趨勢などを把握する必要もあります。

せっかく経済協定の活用手続きが完了しても、すぐに政変で破棄するようでは、苦労が水泡に帰すことになります（昨今のトランプ大統領のＮＡＦＴＡ破棄騒動）。

小規模プロジェクトから開始しても、それは**大局的な戦略の一部**であるべきです。――ある企画をした時は、日常的に必ずそれが将来役に立つものにリンクされていることです。

中期的には地域対地域、例えばＥＵ（約五億人市場）対メルコスール（三億人市場）の自由貿易協定も大きな枠組みとして捉える。八億人**市場規模**には魅かれます。

＊俯瞰は仕事だけでなく、パーソナル・ライフ（幼少期から今日まで）も含めて行う。満足いかなければ軌道修正する。

＊俯瞰する、そのアクション自体に意義がある。

自分の人生だよ

「自分の人生が楽しい、充実している」と思いたいのは万人の願いです。自分の人生ですから、基本的には誰に遠慮することなく、自分の思うようにすれば良いのです（もちろん法の下で）。

その思うようにする中で好機を得るための**ポジティブな思考・行動**をいつも持つことです。そして状況が許す限りその好機を生かし、努力すれば結果は自ずとついてくると思います。それを実現するには、ある程度の運も必要です。**運も実力のうち**と言われます。

私の置かれた環境を俯瞰すると、「為替変動に対する施策」という運との巡り合いでした。輸出企業は為替動向に大きな影響を受けます。その為替変動の概略を記してみます。

・ドル対円の為替は固定相場制で三六〇円（一九七一年）

・ドル対円の為替は変動相場制で二八〇円（一九七三年末）
・為替レート安定化のプラザ合意で二〇〇円（一九八五年末）
・ドル対円の為替は一一六円程度（二〇一六年末）

単純計算で約半世紀で二四〇円ほどの円高に推移した訳です。つまり諸条件があり一概には言えませんが、分かりやすく言うと販売価格、ＵＳ一〇〇〇ドル建値で一定とした場合、「一九七一年では三六万円が二〇一六年では十一万六千円に受取額が七〇％近く減る」ことになります。

円高基調では輸出企業は利益がマイナス方向に働くので現地（海外）生産すれば、為替の影響を受けにくいのは当然です。プラザ合意後、販売不振、為替差損回避、グローバル化推進等々で海外進出が加速されました。

私は仕事始めの一九八〇年代のこの経済動向に相乗りできました。運が舞い込んできたら、**ヤル気**（ガッツ）**を持って対応**することです。運が舞い込んでもヤル気がないと運に逃げられます。

日常の仕事の中で、自分の目標に対して好機が来たら積極的に**志望、提案、異動願い**などを5W1Hで要約し、上申してみては如何でしょうか。その際は必ずメリットを定量・定性的に表すことです。特に海外生活を願ったり、しばらく続けたいなら（最後まで責任を持つため）、自発的にアクションし、**自分をそう仕向けることです**（他人は決めてくれない）。

国内外を問わず仕事が複数の場所に及ぶ場合は、最後まで全うするシナリオに自分で持っていくことです。各人、ジャンルこそ異なっていても、そう**仕向ける行為は普遍的**なものです。

上申の際、重要なポイントはプレゼンでの意気込みはもちろんのことですが、プレゼン資料は可能な限り文字を少なくし、シナリオを図解した方がいいでしょう。難しいことですが、**複雑なことをシンプル**にまとめて、聞く・見る側が理解しやすいように「**主旨と結論**」を簡潔にアピールできる習慣をつけておくことです。

一度の人生だからフル回転（燃焼）したいものです。周りに気を遣い過ぎていませんか。イヤな上司に悩んでいませんか。

自分を中心に世界は回っていないので我慢しなければならない時期もあります。組織はいつも変わるものです。あまり神経質にならないことです。でも嫌な上司、苦手な人でも**話を十分に聴いて**あげると意外な展開になることもあります。人の話を聴かず速射砲のように捲（まく）し立てられると、会話にならないし、得ることもありません。

いろいろな挑戦に、当然失敗はつきものです。言い換えると何かをする（アクション）から失敗する訳です。何もしないと失敗もしません。でも何もしないで済みますか。

例えば、愛車を買うのにお金を貯める、旅行するのにお金を貯める、留学するのにお金を貯める、家族を養い子供を教育するのにお金を貯める……等々、希望を叶えるために仕事する、努力する、我慢もする。そうすると計画性も出てくる、自分も逞しくなっていく。こういう経験の積み重ねこそが知識となり知恵につながっていくからです。

得意なことをする時は楽しく（ポジティブ）、逆の時は憂鬱（ネガティブ）という経験がありますよね。不得意なモノをせめて**普通程度**（ややポジティブ）**に持っていく、それが努力**です。

自分が目指す目標、何かに挑戦（陸上新記録）、何かを成したい（子供の教育）など、個人的に漠然と考えていることがあるとしましょう。これらは最終的には自分で解決することばかりです。

我々は社会的には共存していても、他人はどうすることもできません。**自分が行動を起こすこと**しかないのです。犬も歩けば棒に当たると言います。今できることから始めたいものです。

今、置かれている立場・年齢において自分の中・長期計画を立てることです。今からどうなりたいのか、そのためには何をするのか、軌道修正したいのか、今のままで満足しているのか、俯瞰して見てください。

時間は否応なしに過ぎ去ります。時間を有意義に使ってアクションすると、心地よい時間の流れが実感できるはずです。それ即ち自分の生き方を試行錯誤することにもなります。

＊先ずは自分が満足できる人生設計を描き、独自のスタイルで猪突猛進。その際、好機を逃さないことです、ちょっとしたことが人生を大きく変えるものです。

＊目標に向かって、計画→行動→レビュー（俯瞰）→軌道修正、そして達成できるよう自分を仕向ける。幸せのレベルは各人が決めれば良いのです。

この章で取り上げた内容は、刻一刻と押し寄せる世界のグローバル化に向けた取り組み方です。各人が自分を成長させることが「日本の未来」に直結するわけです。わずか四十余年の仕事のスパンですから、自分が成長する過程に「人生のエンジョイ」も付随するものでなければなりません。

とりわけ私はこのような場に出会え、フルにアクションさせていただいた企業に感謝しております。

あとがき

最後までお読みいただき有難うございました。

海外の現場で仕事する上において、育った環境や考え方で、その対処の仕方は大きく影響されます。

しかしどの対処の仕方がベストというものはありません。個々人が自分のスタイルで推し進めればいいのです。


一つ、大事なことは――

世界がグローバル化するなら自分もグローバルな人材になれるように努力し、そこへ共存でき、時代の潮流に乗った人生を送れるようにしたいものです。

少しでも視野を広げることで知恵を得、人生が心身ともに豊かになれるよう祈っております。それは年齢に関係なく今すぐにでも始められることです。
そのための参考にしていただけたらと思います。

二〇一七年十月

茅ヶ崎にて

西　隼人

著者プロフィール

西 隼人（にし はやと）

1948年鹿児島県生まれ、神奈川県在住。

関東学院大学工学部卒業後、海外勤務37年、赴任地7カ国、訪問国は23カ国に及ぶ。

フォルクスワーゲン・ド・ブラジル、エルジン（ブラジル）他、日系企業でも独特なマネジメントで海外展開を図り、会社設立・工場稼働を軌道にのせ、海外事業貢献賞、Continuous outstanding performance in the Project賞などを受賞。

海外現地法人社長などを歴任し、2016年12月帰国。

現在はボランティア、エッセイ・小説執筆活動中。

グロ一バル仕事術 海外37年から見えたもの

2018年1月15日　初版第1刷発行

著　者　西 隼人
発行者　瓜谷 綱延
発行所　株式会社文芸社
〒160-0022 東京都新宿区新宿1－10－1
電話 03-5369-3060（代表）
03-5369-2299（販売）

印刷所　株式会社フクイン

ISBN978-4-286-19008-2